北京华景时代文化传媒有限公司 出品

长征日记

萧锋 著

图书在版编目（CIP）数据

长征日记/萧锋著.-- 北京：北京联合出版公司，2024.3（2024.12重印）

ISBN 978-7-5596-7449-4

Ⅰ.①长… Ⅱ.①萧… Ⅲ.①中国工农红军长征—史料 Ⅳ.① K264.406

中国国家版本馆 CIP 数据核字（2024）第 039589 号

长征日记

作　　者：萧　锋
出 品 人：赵红仕
策划编辑：王　双　韦文菡
责任编辑：李　伟
营销编辑：张　楠
封面设计：张海马
责任编审：赵　娜

北京联合出版公司出版
（北京市西城区德外大街83号楼9层 100088）
北京华景时代文化传媒有限公司发行
北京中科印刷有限公司印刷　新华书店经销
字数185千字　890毫米×1270毫米　1/32　9.25印张
2024年3月第1版　2024年12月第3次印刷
ISBN 978-7-5596-7449-4
定价：49.80元

版权所有，侵权必究
未经书面许可，不得以任何方式转载、复制、翻印本书部分或全部内容。
本书若有质量问题，请与本公司图书销售中心联系调换。电话：（010）83626929

萧锋将军（1916—1991）

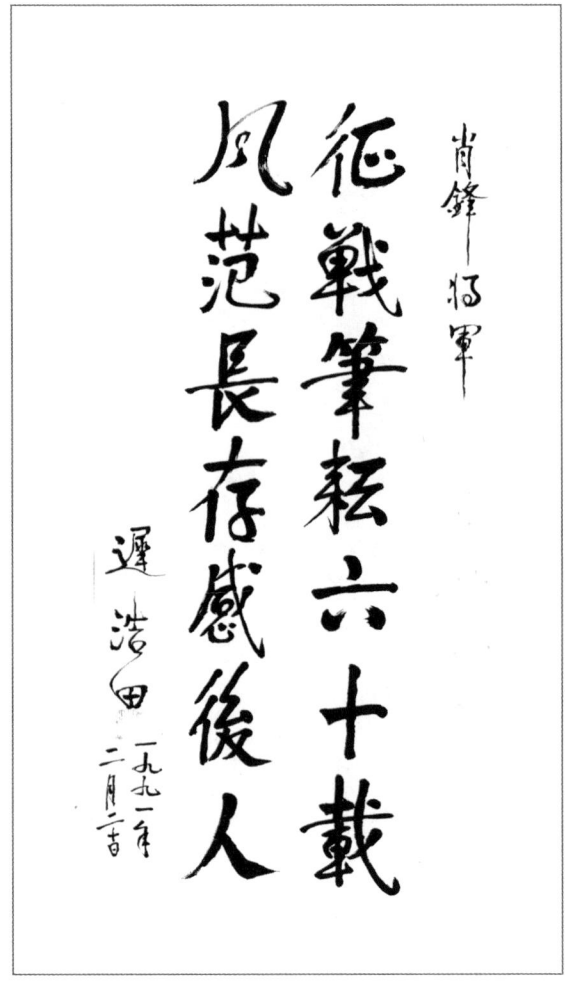

中央军委原副主席迟浩田为萧锋将军题词

注：萧锋的姓在过去几十年中用得很乱，他的工作证和文章中经常用"肖锋"二字，他当时认为两者可通用，而且"肖"字书写方便，没有当回事，后查村里家谱，方知"萧"和"肖"不可通用。

——萧南溪

萧锋在他整理的书稿前留影（摄于1988年冬）

萧锋夫妇和女儿萧南溪合影（摄于1974年冬）

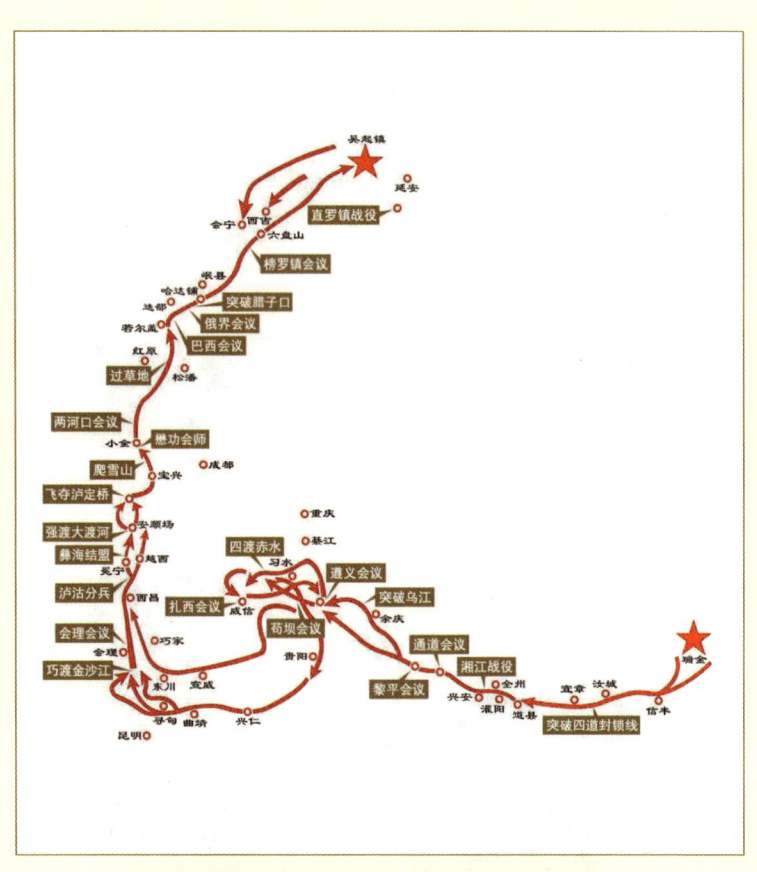

中央红军长征路线图（长征史专家陈宇供图）

序言一

为什么要读《长征日记》

萧锋的《长征日记》最早出版于一九七九年，一经问世便风靡全国，迄今已出版了多个版本。

二十世纪八十年代初，我有幸在大学的军事历史课上，听老师专题讲解过这本书。萧锋在二万五千里长征途中，在被敌人"围追堵截"的艰苦岁月里，依然不间断地写下十多万字的长征日记，他的精神让我这个曾经参加过战争的军人，甚为钦佩，备受鼓舞。

萧锋出身贫苦，参军前是个放牛郎，根本没有机会上学。他学习识字、造句、作文都是在参加红军之后。战友告诉他，可以把火热的战斗生活记录下来，这样不仅可以巩固识字学文化的成果，还可以提高思想水平和工作能力。于是他边学习识字，边用土草纸和五颜六色的包装纸写日记。这个习惯他坚持了六十多年，陪伴他度过了战火纷飞、风雨兼程的革命生涯。

参加长征的有红一、红二、红四方面军和红二十五军四支部队,近二十万人,但写日记的仅十余人,他们的日记现已成为极宝贵的历史文献资料。萧锋是十余人中坚持写日记时间最长的人,其日记也是迄今保存最完好的一本。通过这本日记,我们不仅能看到作者的思想高度,还能看到红军英勇顽强、坚信革命事业必胜的精神信念。

毛泽东有句震撼全军的名言:"没有文化的军队是愚蠢的军队,而愚蠢的军队是不能战胜敌人的。"他在红军建立初期就十分重视战士的文化教育,把"军事教育""政治教育""文化教育"并列为三大教育。井冈山时期,毛泽东组织成立了工农革命军军官教导队,以提高基层指挥员的军事素养和文化素养。一九二九年十二月,毛泽东在起草《古田会议决议》时,对军队文化教育又提出了明确要求,指出"各纵队政治部负责编制青年士兵识字课本","每个纵队内设立青年士兵学校一所,分为三班至四班","每班以授足九十小时为一学期",坚持对士兵进行有组织、有领导、有计划的文化教育。

长征出发的当月,萧锋在日记中写道:"行军途中遇见谭政主任……他还说:'连队要积极开展行军识字运动,一人一天认一个字,一年就可认三百六十多个字。扫除文盲,才能更好地学习革命的理论。'"

在突破敌人封锁线的紧张时期,周恩来副主席对萧锋说:"要认真执行党的政策,要坚定地相信和依靠群众,搞好宣传工作,使红军走过的地方都播下革命的火种。"周恩来又指着战士背着的"站好岗"识字牌称赞说:"既打仗行军,又识字,战斗不忘学习,这个办法好。我们工农现在打仗需要文化,将来建设新中国更需要文化。"

"四渡赤水"名扬红军长征史,萧锋所在的红一师则是"八渡赤水"。在紧张的行军作战期间,红一师仍要求:"各部队要立即动员自己部队中能写字的人,用木炭、毛笔,用大字、小字,在墙壁和门板上写上瓦解白军的标语。从连队到军团的军政干部,都要以身作则,自己动手,把瓦解白军的标语写满整个宿营地"。

苟坝会议是继遵义会议之后巩固毛泽东在党和红军中领导地位的又一重要会议。会议之后,毛泽东决定出奇兵,由东向西三渡赤水。就在这个紧要关头,萧锋所在的部队依然坚持文化学习,他在三月十二日的日记中写道:"我们行军识字做得好,七连班长刘新文一天行军识字十二个,就是那个'打圈子'的'圈'字难写,我看先易后难总可学会。"

中央红军胜利到达陕北后，萧锋写道："凌晨五时由罗家沟出发，到贺家坪宿营，行程七十里。团部对行军识字工作抓得很紧，战士们用硬纸和树皮做成牌子，写上字，边行军，边认字，效果很好。"

萧锋就是在这种浓厚的文化学习氛围中，伴着炮火硝烟，写下了长征日记。

到达陕甘革命根据地后，萧锋有了相对稳定的休息时间，他将污渍斑斑、字迹模糊的原始日记誊抄在笔记本上。此后又在养伤期间，找有关领导和战友核实，对日记进行补充和整理。中华人民共和国成立后，他重走长征路，对日记中的人名、地名、事件一一核对和修订，最终形成了这部《长征日记》，字里行间闪耀着红军指战员奋斗（红军不怕远征难）、乐观（万水千山只等闲）、进取（而今迈步从头越）、坚韧（不到长城非好汉）的革命精神。

中国共产党在百年奋斗历程中形成了辉煌的精神谱系，长征精神就是其中之一。"长征这一人类历史上的伟大壮举，留给我们最可宝贵的精神财富，就是中国共产党人和红军将士用生命和热血铸就的伟大长征精神。"

长征是红军历史上一次满怀理想信念的伟大远征，萧锋在炮火硝烟中写下的日记，则是精神层面上的远征。学习长征精神,萧锋的《长征日记》不可不读;研究长征历史,《长征日记》更应是案头常备的工具书;重走长征路,《长征日记》不仅是长征路上的道路地标,也是遇到困难挫折时不屈不挠的精神坐标。

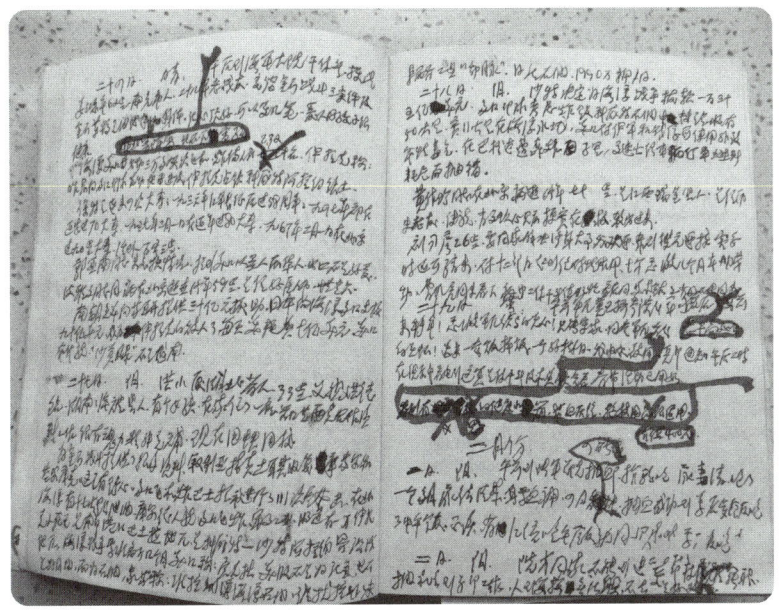

萧锋整理的日记手稿

一代人有一代人的使命,一代人有一代人的长征。人活着,本身就是一次长征,途中需给思想"补钙",为精神"加油"。读一遍《长征日记》,仿佛重走了一遍艰辛的长征路,让我们能更深刻地感悟长征精神,明白长征精神是战胜困难的重要法宝。在新的征途上,"我们还有许多'雪山''草地'需要跨越,还有许多'娄山关''腊子口'需要征服,因此我们需要更加自觉地从长征精神中汲取奋进力量,意气风发地走好新时代的长征路。"

《长征日记》再版之际,我受萧锋之女萧南溪大姐嘱托,写下以上文字,权以为序。

陈 宇

二〇二三年五月五日

于北京·军事科学院

序言二

"地球的红飘带"
——多维度看长征

"红军不怕远征难,万水千山只等闲。"一九三四年十月至一九三六年十月,中国共产党领导红军进行了伟大的战略转移,这就是举世闻名的长征。习近平总书记指出:"这一惊天动地的革命壮举,是中国共产党和红军谱写的壮丽史诗,是中华民族伟大复兴历史进程中的巍峨丰碑。"著名作家魏巍在长篇小说《地球的红飘带》的卷首语中写道:"这部史诗是中国人民和中国共产党人用自己的脚步和鲜血镌刻在我们这个星球上的。它像一支鲜艳夺目的红飘带挂在这个星球上,给人类,给后世留下永远的纪念。"

长征这条"地球的红飘带",飘拂过几万里壮阔山河,跨越了数十载沧桑岁月,深刻串联起中国共产党领导中国人民"踏平坎坷成大道"的复兴之路,铿锵演奏出人类理想与奉献、意志与勇气的精神乐章。长征是波澜壮阔的，也是丰富多彩的。下面我们就从四个维度，走近长征这条跨越时空的"地球的红飘带"。

历史维度看长征

长征是宏大的，也是具象的。什么是长征呢？概而言之，长征是一九三四年十月至一九三六年十月，主力红军在党的领导下先后撤离长江南北地区各主要根据地，经过转战陆续到达陕甘苏区胜利会师的战略转移行动。长征在我们党、国家、军队发展史上具有十分伟大的意义，对中华民族历史进程具有十分深远的影响。毛泽东指出："长征是历史纪录上的第一次，长征是宣言书，长征是宣传队，长征是播种机。"习近平总书记指出：长征是一次理想信念的伟大远征，长征是一次检验真理的伟大远征，长征是一次唤醒民众的伟大远征，长征是一次开创新局的伟大远征。

具体来说，长征这一"红飘带"主要包括四条，分别是红一方面军（中央红军）、红二方面军（红二、红六军团）、红四方面军和红二十五军的长征。红一方面军的长征历程最为艰难曲折，转战十一省区，行程最远的部队走了二万五千里，而且由于党中央一直随中央红军行动，所以长征史上的许多重大事件都发生在中央红军长征的过程中，比如我们熟悉的湘江战役、遵义会议、四渡赤水、巧渡金沙江、彝海结盟、强渡大渡河、飞夺泸定桥、爬雪山、过草地、攻克天险腊子口等。红四方面军的长征历经了南下北上的曲折，会师懋功，勇克包座，有的部队三过雪山草地，转战四省区，行程一万余里。红二、六军团最后开始长征，驰骋湘黔滇，回旋乌蒙山，与南下的红四方面军会师后组建为红二方面军继续北上，转战八省区，行程两万余里。红二十五军是四支长征队伍中平均年龄最小的部队，也是最早到达陕北、完成长征的部队，鏖战独树镇，血战四坡村，转战四省区，总计行程一万余里。按照今天的行政区划，四支部队的长征一共跨越我国的十五个省、自治区、直辖市，行程六万五千余里，创造了人类历史上的奇迹。正如习近平总书记所指出的，长征历时之长、规模之大、行程之远、环境之险恶、战斗之惨烈，在中国历史上是绝无仅有的，在世界战争史乃至人类文明史上也是极为罕见的。

精神维度看长征

长征是"物质"的，也是精神的。"官兵一致同甘苦，革命理想高于天。"长征留给我们最可宝贵的精神财富，就是伟大的长征精神,长征精神是中国共产党人精神谱系的重要组成部分。长征精神的内涵是什么呢?长征精神,就是把全国人民和中华民族的根本利益看得高于一切,坚定革命的理想和信念,坚信正义事业必然胜利的精神;就是为了救国救民,不怕任何艰难险阻,不惜付出一切牺牲的精神;就是坚持独立自主、实事求是,一切从实际出发的精神;就是顾全大局、严守纪律、紧密团结的精神;就是紧紧依靠人民群众,同人民群众生死相依、患难与共、艰苦奋斗的精神。

长征精神并不是枯燥、空洞的,而是在一个个感人的历史故事和细节中得到生动呈现,从而具备了穿透时空、打动人心的力量。长征精神体现在老班长为了照顾生病的小战士,在过草地时不惜牺牲自己的见证物"金色的鱼钩"中。小学课本中《金色的鱼钩》一文写道:"在这个长满了红锈的鱼钩上,闪烁着灿烂的金色的光芒。"长征精神还体现在红军战士宁可饿死也要留下带给毛主席看的"半截皮带"中,正如习近平总书记所说:"这就是信仰的力量,就是'铁心跟党走'的生动写照。"长征精神更体现在三名女红军坚持留给房东的"半条被子"中,正如女房东徐解秀老人所说:"什么是共产党?共产党就是自己有一条被子,也要剪下半条给老百姓的人。"

文化维度看长征

长征是壮阔的，也是厚重的。长征既书写了一部壮丽史诗，震撼世界、彪炳史册，也熔铸成一座精神丰碑，巍峨屹立、永放光芒，又积淀为一脉红色文化，流光溢彩、厚重深沉。长征文化具有十分丰富的内涵，其中长征文物是其物质载体，长征精神是其价值内核，长征文艺是其生动呈现，长征学术是其高级形态，这些是长征文化中最基础、最精彩、最深刻的几种元素。

以长征文艺为例，几十年来，以长征为题材的文艺作品数不胜数，涉及领域广泛，表现形式多样，经典作品众多，成为中国文艺史上一道亮丽的风景线。这其中极具代表性、影响极大的，要数毛泽东的长征诗词。"东方欲晓，莫道君行早。踏遍青山人未老，风景这边独好"；"雄关漫道真如铁，而今迈步从头越。从头越，苍山如海，残阳如血"；"万水千山只等闲"，"三军过后尽开颜"；"天高云淡，望断南飞雁。不到长城非好汉"……而且，在社会历史领域对毛泽东长征诗词的广泛引申和深刻演绎，早已成为一种值得关注的文化现象，这既充分反映了毛泽东长征诗词的丰厚意蕴和深远影响，也深刻折射出长征文化的现实意义和时代价值。

时代维度看长征

长征是历史的,也是当下的。中国共产党人的长征并没有随着一九三六年十月的三军大会师而结束,长征永远在路上。一九四九年中华人民共和国成立之前,毛泽东就在党的七届二中全会上指出:"夺取全国胜利,这只是万里长征走完了第一步。""中国的革命是伟大的,但革命以后的路程更长,工作更伟大,更艰苦。"一九七八年以来,"新长征"成为我国改革开放和社会主义现代化建设事业的代名词。

进入新时代,习近平总书记指出,今天中国的进步和发展,就是从长征中走出来的。每一代人有每一代人的长征路,每一代人都要走好自己的长征路。一个不记得来路的民族,是没有出路的民族。今天的长征同当年的长征相比,当然有很大的不同,也有共同的特征。这就更加需要我们在新时代新征程上大力弘扬伟大的长征精神,在新长征路上继续奋勇前进。

长征是中国的,也是人类的。几十年来,世界范围内关于红军长征的报道和研究层出不穷,慕名前来寻访长征路的人络绎不绝。长征是人类为追求真理和光明而不懈奋斗的伟大史诗,迸发出激荡人心的强大力量,跨越时空,跨越民族，已成为国际社会越来越多人的共识。我们如果把红军长征与世界历史上其他远征进行比较，就会发现，红军长征就时间来说并不是最长的，也很难说是距离最远的，就战绩来说也许不是最辉煌的，但红军长征所产生的影响却是其他远征所不能比拟的。国际上对红军长征之所以给出高度评价，还在于其表现出的正义性质、伟大精神和深远影响。我们可以自豪地说，红军长征这一举世无双的奇迹，汇集了人类长征故事的精粹，彰显了人类长征精神的崇高，升华了人类长征文化的意蕴，从而成为人类长征以及有着长征共性特征的奋斗目标及其过程的标志符号。

长征是一段渐行渐远的历史，却又深刻影响着我们今天的生活。大到一个国家、民族乃至全人类，小到一个单位、团体乃至每个人，我们都走在自己的长征路上。因此，讲好长征故事，铭记长征历史，弘扬长征精神，传承长征文化，是一项具有普遍意义和普遍价值的共同事业。走近长征，是重温一部壮丽的史诗，也是激励我们走向未来。未来前程漫漫，我们当"不怕远征难""迈步从头越"，哪怕前进道路上"五岭逶迤""乌蒙磅礴""金沙水拍""大渡桥横"，也只管"红旗漫卷""快马加鞭""横刀立马""纵横驰奔"，始终笃守"不到长城非好汉""万水千山只等闲"的决心毅力，必能分享"雄关漫道真如铁""三军过后尽开颜"的胜利喜悦！

韩洪泉

二〇二三年七月一日

于国防大学政治学院

前言

我是一九二七年秋参加革命的,并当了江西泰和县游击队队长。一九二八年春,游击队收编为红军,从此我就成了一名红军战士,随红军转战到了赣南闽西。

一九三〇年十二月至一九三一年九月,红一方面军在以毛泽东为代表的正确路线指引下,采取灵活机动的战略战术,粉碎了国民党一、二、三次"围剿",使赣西南与闽西根据地连成一片,建立了以瑞金为中心的中央革命根据地。这块根据地,面积约五万平方公里,包括江西的瑞金、会昌、安远、寻乌、信丰、于都、兴国、宁都、石城、广昌、黎川和福建的长汀、永定、上杭、龙岩、连城、清化、宁化、归化、建宁、泰宁等二十一个县城的广大地区,人口约二百五十万,主力红军已发展到五万余人。在这块红色区域内,建立了江西、福建两省苏维埃政府和县、区、乡政权,人民翻了身,分配了土地,改善了生活,呈现出一片新的景象。

为了巩固和发展革命的胜利成果,加强对全国革命根据地的统一领导,一九三一年十一月,中华苏维埃第一次全国代表大会在瑞金的叶坪召开,成立了中华苏维埃共和国临时中央政府,选举了毛泽东为临时中央政府主席、朱德为中央革命军事委员会主席。中华苏维埃共和国的成立,是中国共产党领导下的广大工农劳苦大众建立全国性政权的一次伟大的革命尝试,它给全国人民,特别是根据地人民带来了翻身求解放的希望,它鼓舞和动员了千百万根据地的军民积极投入保卫红色政权和根据地建设的伟大革命斗争。

一九三三年二三月间,红一方面军在周恩来、朱德的指挥下,灵活地运用毛泽东的正确作战原则和前三次反"围剿"的经验,取得了第四次反"围剿"的重大胜利。这一胜利,不仅巩固了中央革命根据地,而且把中央苏区与闽赣苏区连成一片,进一步扩大了中央革命根据地,工农红军也迅速壮大,已发展到八万多人。至此,中央苏区辖有江西、福建、闽赣三个省苏维埃政权,发展到了鼎盛时期。

但是,当时我们万万没有想到,从一九三一年一月的中国共产党六届四中全会起,王明"左"倾教条主义统治了党中央;也万万没有想到,不久这条"左"倾路线就在中央革命根据地开始贯彻。一九三一年十一月，在中央代表团的主持下，召开了赣南会议，会上批评毛泽东的正确主张是"狭隘的经验主义""富农路线"和"右倾机会主义"；一九三二年十月，又召开了宁都会议，排挤和打击革命根据地内以毛泽东为代表的正确主张，撤销了毛泽东在中央苏区和红军中的领导职务。

在王明"左"倾教条主义路线指导下，党的白区工作遭到严重的损失，致使以博古为首的临时中央机关在上海无法立足，不得不于一九三三年一月迁入中央革命根据地的瑞金，博古等主要领导人也来到了瑞金。从此，在政治、经济、军事等各方面全面推行"左"倾路线。在政治上他们反对所谓的"罗明路线"[①]，撤了罗明的职，把邓（小平）、毛（泽覃）、谢（唯俊）、古（柏）打成所谓的"反党的派别和小组织的领袖"，一大批的党、政、军干部被打击和撤换了。他们的目的就是要否定毛泽东正确路线在中央革命根据地的影响，为推行其"左"倾教条主义扫清障碍。

[①] 一九三三年，罗明在担任中央革命根据地中共福建省委代理书记时，曾经认为党在闽西上杭、永定（今龙岩市永定区）等边缘地区的工作条件比较困难，党的政策应当不同于根据地的巩固地区，因此受到党内"左"倾领导者的打击。当时这些领导者把他的意见错误地、夸大地说成是"对革命悲观失望的、机会主义的、取消主义的逃跑退却路线"，并开展了所谓的"反对罗明路线"的斗争。

在苏区经济政策上,他们开展"查田运动"①,推行"左"倾关门主义,搞什么"地主不分田,富农分坏田",把地主和富农扫地出门。这样,就使地主和富农与苏区和红军处于对立状态,他们组织还乡团、挨户团、靖卫团等,与地方封建反动势力勾结起来,专门对付苏区和红军,不许苏区同白区有任何来往,把中央苏区搞成一个孤立的区域,使苏区人民无法同白区人民进行经济交流,这只能有利于国民党对根据地的经济封锁,致使苏区严重缺盐、缺布。

在军事上,他们推行单纯防御的军事路线。一九三三年十月,从苏联来了个德籍军事专家李德,他到中央革命根据地后,博古如获珍宝,倍加重用,委为军事顾问,把军事指挥大权交给了这位毫无中国革命实践经验的李德。在国民党第五次"围剿"中央革命根据地时,他们先是实行进攻中的冒险主义,采取"御敌于国门之外""以堡垒对堡垒""两个拳头打人"等不切实际的错误方针。当遇到挫折时,又实

---

① 一九三三年二月起,中央苏区广泛开展群众性清查土地和阶级的运动。中央"左"倾路线领导多次指责中央苏区原先实行的是限制而不是消灭富农经济、给地主以生活出路的土地政策,并以此作为开展"查田运动"的根据。要求各级政府没收地主的一切土地财产,没收富农的土地和多余的农具、房屋等。"查田运动"不仅过分地打击了地主、富农,严重地侵犯了中农的利益,还破坏了农业生产,挫伤了农民的生产积极性,造成苏区严重缺粮,加重了中央苏区的困难。

行防御中的保守主义，致使红军伤亡惨重，节节败退，根据地连连失守，日益缩小。

后来我在学习《毛泽东选集》时才了解到，当时毛泽东曾建议，以主力向湖南前进，不是经过湖南向贵州，而是向湖南中部前进，调动江西敌人至湖南而消灭之，但博古、李德不听，这样，打破第五次"围剿"的希望就最后断绝，只剩下长征一条路了。于是，党中央和红军总部不得不离开了用鲜血换来的中央革命根据地，率主力红军和后方机关八万六千余人，从瑞金出发，开始了二万五千里长征。

这本《长征日记》，就是我参加长征时在极端艰苦的岁月里写的。它记下了从一九三四年十月至一九三六年十一月我亲身的经历和所见所闻。这段时间的日记经上海人民出版社出版后，受到许多读者，特别是青年读者的欢迎，他们纷纷来信要求重版，这给我很大的鼓励。我又对这本《长征日记》进行了一些必要的核实和修订，希望这本书在适当的时候能够重版，以满足广大读者的要求，这也是我所要了却的一个心愿。

萧　锋

一九八六年八月一日

于北京

目录

一、离别苏区上征途……………………001

二、突破敌人封锁线……………………004

三、周副主席到我团……………………013

四、进击全州渡湘江……………………027

五、袭占黎平到贵州……………………035

六、抢占乌江进遵义……………………044

七、八过赤水甩敌人……………………058

八、佯攻贵阳逼昆明……………………081

九、巧渡金沙江,通过彝民区…………095

十、强渡大渡河,抢夺泸定桥…………106

十一、翻过雪山到懋功…………………115

十二、毛儿盖见朱总司令………………131

十三、六天六夜过草地…………………144

十四、批判张国焘,继续再北上………152

十五、哈达铺听毛主席报告…………161

十六、过西兰公路，跨六盘山…………166

十七、到达陕北吴起镇…………172

十八、直罗镇打歼灭战…………183

十九、参加东征抗日先锋军…………190

二十、西征路上战"三马"…………206

二十一、迎接二、四方面军会师…………233

二十二、决战山城堡，再上新征途……250

附录
萧锋同志简历………… 255

后记
如铁纪实万千字　留与后人鉴丹心
　——开国将军萧锋的日记情怀………… 257

一、离别苏区上征途

一九三四年

十月十六日　晴

午前,我们红一军团一师三团政治处开会,一是欢迎林龙发政委伤愈回团工作;二是分析研究部队政治思想状况。

五次反"围剿"以来,我军数战失利。这次高兴圩战役也没打好,连队思想情况较乱,埋怨情绪较大。这几天我下营、连和干部、战士交谈,大家都反映我们吃了堡垒对堡垒、工事对工事、死打硬拼的亏。

最近,师部找团以上干部接连开了几次会,李聚奎师长和赖传珠代政委说,部队可能要向南行动,冲破南线敌人的封锁。一星期来,部队补充了新兵,充实了武器弹药,每人还发了两套单衣、两双鞋子。看来,情况十分紧急,准备随时行动。

突然接到命令,午后四时出发。我团为右路前卫,从兴国乱石圩出发,经银圩、社富,半夜到南塘宿营,行程七十里。沿途群众端茶送水,依依不舍。我们的心情都十分激动。

十月十七日　晴

午前,敌机来轰炸于都桥,炸弹落到街上,炸伤了八名赤卫队员和许多老百姓。记住,这又是一笔血债!

于都人民十分热爱红军,队伍刚住下,妇女表嫂就跑来洗衣服,烧开水。苏维埃政府的财政人员,忙着送粮备款。我们的宣传队也积极向群众宣传红军抗日反蒋、打土豪分田地的政治主张。

版画《踏上征途》(中央革命根据地纪念馆供图)

午后四时出发,经卦江、庙前、白交坡、大屋里、石坡到于都城南关宿营,行程七十里。路过卦江时,卦江赤卫队刘队长拉着我的手问:"你们往哪去?"他希望红军早日粉碎敌人的"围剿"。战士们也不断问我:"总支书,队伍开到哪里去?"我也只听说向南行动,反正哪里便于消灭蒋介石,好打破敌人"围剿",就打到哪里去。

十月十八日 晴

午后四时出发,经黎村、老屋里、河北、沙坝到上坪圩宿营,行程七十余里。已进入赤白交界区了,白军离这不远。三营把林木村地主土围子打开,捉住十多人,还杀了两个恶霸,没收了四只猪,部队和群众大大改善了生活。

这几天队伍行动快,掉队的甚多。我负责收容队工作,经请示批准,将二十四名战士送回苏区安置。

第四次"围剿"失败后,蒋介石继续推行"攘外必先安内"的政策,一九三三年十月,对红军根据地发动了第五次"围剿",兵力达百万人。这次"围剿",敌人采取持久作战和"堡垒主义"的新方针。在李德的错误指挥下,中央红军与武器、人数都占优势的敌人正面硬扛,伤亡惨重。一九三四年十月,中央红军在第五次反"围剿"作战中失利,被迫实行战略转移,开始长征。

离开熟悉的苏区根据地,红军战士肯定是十万个不愿意,他们在苏区打土豪、分田地,已经与当地民众结下了深厚的情谊。但红军又是一支具有高度组织性和纪律性的军队,所以即便在前路未卜的情况下,他们仍然选择相信党,坚定地跟着党走。

二、突破敌人封锁线

一九三四年

十月十九日　晴

　　军团命令红一师和红二师，分别在梅岭山脉东西两侧，突破安远、信丰间国民党设置的第一道封锁线。师令我团单独行动，为大部队打开一条通道。

　　我团午后四时出发，经南坑口、沙窝田达谷平寨宿营，行程七十里。沿途敌机盘旋扫射，九连遭突袭，有九名战士伤亡，赤卫队将他们抬回苏区于都县去了。

　　国民党费尽心机，用了大量人力物力财力，筑了许多工事，妄图封锁苏区，分割红军。山岗、河旁、大小村庄都碉堡林立。

十月二十日　阴

　　在谷平寨休息一天，准备明天投入战斗。我们打了几家土豪，分些猪肉给各连会餐，让战士们吃饱些，好恢复体力。

团政治处通知：各连要广为宣传红军政策，就地扩大红军。要把打土豪所得的财物，多分给贫苦工农，优待革命烈军属。

这一带是信丰县境。一九三二年三月至十月，我曾在信康南工委做过少共工作，并兼任独立团政委。这里群众基础较好，人民早盼红军打回来了。

十月二十一日　阴

午后四时出发。根据上级命令，我团从信丰县金田进击敌人。晚十一时，我团三营冲入金鸡镇。敌人没料到红军进击这样神速，一接火，便晕头转向，被我击毙两百多，余敌狼狈逃窜。

出发已六天，林政委说，要在部队进行深入的政治思想动员，一切为着苏维埃，到无垒区去打仗！

十月二十三日　阴

午后四时，我团同师部胜利会合，晚达安息北同陈济棠第一师第三团激战，红三团打白三团，战斗好激烈！

总攻安息圩无效。半夜李聚奎师长、赖传珠代政委突令：撤出战斗，避开敌人，向西转移。我团经胡寨到坪石圩宿营，行程七十里。经过几天的紧张战斗，终于突破了敌人的第一道封锁线。

十月二十四日　晴

师令我率一营掩护军团机关通过信丰县境。中午，到红一军团左权参谋长处受领了战斗任务。午后四时出发，过桃河到师公圩，在庙下宿营，行程七十里。信丰人民很高兴红军来。

十月二十五日　阴、小雨

午后四时冒小雨行军，经固原寨、马圳、禾秋到上中站宿营，行程九十里。已进至广东省南雄县境。这里是游击区。上午遭四架敌机轰炸，三连伤三人，死四人。战士直骂蒋介石。

师政治部谭政主任要求沿途扩大红军，对伤员要就地安置。我们远离苏区，现在是牺牲一个少一个，损失一个就要设法补回一个。红军既要战斗，又要认真做好扩大红军的工作。因环境太坏，这几天九连只扩红五名，一连沿途派多人做工作，也没有扩几名。工农分子来当兵，是拿着脑袋搞革命。那些伪乡、保长知道你要当红军，捉住了不是杀头就是坐牢，还要牵连几代。国民党这一招做得真绝！但是，革命者总是要革命的，工农革命失败不了。

十月二十七日　晴

师作战科长通知就地休息，忽又传下令来要往西转。这是怎么回事？是否返回苏区去？还是乘敌人调动，寻机打运动战？搞不清。越是困难的时候,越要遵守"三大纪律八项注意",特别要服从命令,关心群众利益,随时注意党的政策。这一带筹粮很困难,老百姓的一点谷子都被土豪劣绅搞光了。

这里是赣粤交界地区,山高林密,属游击区。在上中站村,看到两户红军家属,一户姓罗,被反动派杀了三人,父亲要饭;一户姓陈,被逼死两人。红军家属要受多少罪啊!反动派真可恨!想到我母亲眼瞎讨饭,受尽了苦,红军来了才有饭吃,红军走后,肯定又要受苦讨饭。我们只有热心革命,早日打垮反动派,穷人才有出路。

十月二十八日　晴

午后四时出发,又向北转,经赵田村、小梅关达聂都宿营,行程八十里。又回到了江西。战士们说,打回井冈山,打回赣江东中央苏区去吧!同志们都盼望回到根据地去。是呀!没有根据地困难太多了。一九三〇年,李立三命令红军离开根据地,冒进打南昌、九江,会师武汉,使红军损失很大,这个教训切不能忘!

十月二十九日　雨

晨出发,经古亭到任仙圩,在东岭宿营,行程一百一十里。天下着蒙蒙细雨,山路又陡,战士们身上摔得像泥鳅似的。

行军途中遇见谭政主任，我问他红军究竟往哪行动，怎么又往于都方向走呢？他笑着说："哪里好打仗，就往哪里行动，一切的走都是为了歼灭国民党有生力量。现在进到蒋管区，转到敌人纵深的无垒区，行动很主动。要加强连队政治思想工作，积极宣传扩大红军，安置好伤病员。要避免逃亡，要不断巩固、提高红军战斗力。"他还说："连队要积极开展行军识字运动，一人一天认一个字，一年就可认三百六十多个字。扫除文盲，才能更好地学习革命的理论。"

晚，政治处住在一个大地主家，好家伙，财物真多，千奇百怪，啥都有。这都是人民的血汗，应当归还人民。

夜里，抓紧时间看了遍毛主席的《湖南农民运动考察报告》。按书中的标准打土豪，可没收可不没收的，就不要没收，绝不能侵犯中农的利益。这样，群众就欢迎。千万不能到了白区就乱来。要宣传红军的政策，严格执行红军纪律，否则要犯错误。

十一月一日　细雨

午后二时出发，经区洛河达初兴圩宿营，行程九十里。师告：我军向湖南行动，要调查路线，注意交叉路口，可能要同二、六军团会合，打破敌人"围剿"。

到今天为止，我们渡过章水河，绕过天华山，前锋进逼汝城一带。在敌占区行动也自由，两道封锁线都挡不住红军的进展。那些白军、团匪真狗熊，看见红军就丢盔弃甲，争相逃命。

据传,"围剿"中央苏区的白匪,已分别组成纵队,开始西调来堵截红军。中央苏区的城镇被蒋介石占领了,广大乡亲重陷火坑之中。还乡团、靖卫团返家,穷人又要遭殃了。

十一月二日 晴

部队在初兴圩休整三天。我步行到兄弟团联络,约走二十里。据悉,红二师已攻占汝城,红四师已攻占桂东城,消灭何键军阀两个团。我们红一方面军基本上分三路前进,左路取城口,中路由新桥向盖子排进军,右路从江西崇义的文英、上堡进入汝城。又传,任弼时、萧克同志率领的红六军团主力已与贺龙、关向应同志率领的红二军团,在印江县的木黄胜利会师,听到这一消息非常兴奋。

今晚拟打太平圩,我和一营刘兴隆营长到现场看地形,感到工事坚固,不能打。为了战略需要,尽可能减少不必要的牺牲。

十一月四日 雨

师参谋处通报:广东军阀陈济棠部尾追我军,必须甩开他们。

午后四时出发,经王阁村、井坡到五里圩宿营,行程七十里。这里又是广东省的边境。

想有个军事地图。没地图,总是东找找,西问问,常走错路。这次军事行动,缺少充分准备,是仓促转移的。整天在高山峻岭中行军,得不到很好的休息,战士们十分疲劳,边走边睡,行动很慢,慢得像蜗牛爬。粮食也成问题,常常是吃了上顿没下顿。我们一军团是前卫,打了土豪,还可供吃一时,中央纵队及后尾军团怎么办?再困难也得坚持,一切为着苏维埃,迎着困难向前进!

十一月五日　雨

上午八时出发,冒雨行军,经延寿圩到大王山脚下宿营,行程一百里。我们走的是山间小道,下雨路滑,战士们经常摔跤,满身泥巴,我脚上打了四个大泡,肿得老高,疼痛难受。没关系,只要心脏还在跳动,就非走到底不可!

敌人走大路,速度很快。追堵的敌军常在周围,我军处于被动地位,走也走不动,打也打不好,真像"叫花子打狗,边打边走",我们打狗不着,狗还追住不放,心里真着急,也不知上面是怎么考虑的。

十一月七日　雨

午后四时出发,冒雨爬大王山,到九峰宿营。大王山山势很险,森林茂密,满山荆棘,行军很困难。走了半夜,还没下完山。我十分疲劳,眼皮都睁不开。下山时因为路滑,一不留神,摔到山沟深渊中去了。幸好半山腰的丛树将我挡住,没有再往下滚。我使劲大喊:"救命!!"正好师部经过,同志们发现我摔在下面，赶紧向师首长报告，李聚奎师长和谭政主任叫战士打着手电，用绳子和几副绑腿带把我吊了上来。感谢同志们救了我的命，赶快追上部队。过大王山，又走了一段路，行程一百二十里，很疲乏。陈济棠、何键军阀真狠毒，他们妄想利用大王山的险山恶林困死饿死我们红军，我们饿着肚子爬山，什么吃的也找不到。

十一月八日　阴

上午八时继续行军，经马古村到文明圩宿营，行程八十里。一团已经占领上渡。从这里穿过香花岭，沿南岭山脉西走，就是湘赣苏区边境。从这打回江西该多好呀！我们想念毛主席创建的井冈山和中央根据地，想念家乡的父老兄弟姐妹们，想念无数的江西老表！

据传，江西的瑞金、于都和福建的长汀一带苏区，红军游击队还在战斗，人民群众不会放过消灭国民党的一切机会。陈毅、项英、谭震林、张鼎丞等同志留在那里领导红军和赤卫队、少先队，与白匪坚持斗争。中央红军自渡贡水以来，绕道大王山，渡过章水河、桃河，进到汝城、城口、沙田一带，冲破了蒋介石设置的第二道封锁线。

红军进入湘南丘陵地带，敌机过多，白天很难行军，晚间路不熟，行动更难。不过，还是晚间走较好，每人从大王山找根树枝当拐杖，既可帮助侦察路，又可防不测，大家都说我们成了

"三条腿"了。

战士报告,彭营长不见了。他是湘南宜章人,乡土观念重,据分析是回家了。他和我关系还好,昨晚把三千元苏区票子给我,我还以为他是交党费的,没想到他要回家。怪我太不警惕了,未能挽救他。三千元赶快交公。革命路上有英雄,也有狗熊,我看这些开小差的真比狗熊还狗熊。遇到点困难就不革命了,可是回到家也不会得到啥好处。听首长讲,在井冈山的湘南农军,有些人于一九二八年脱离主力,回到湘南,结果一跑回家就被地主武装捉住砍头了。这惨痛教训,一定要给战士们讲清楚。

★ 专家解读 ★

离开苏区根据地踏上长征路的红军,时刻面临着严峻的考验。这种考验,一部分来自陌生的环境、陌生的群众,他们不像苏区群众那样熟悉了解红军;另一部分来自频繁的战斗,有战斗就会有人员牺牲,如果兵员得不到补充,红军必将面临越打越少的危险境地。不过,越是艰苦的环境,越能考验和锻炼人的意志品质。意志力弱一点的,被困难吓倒,就像彭营长那样开小差偷偷溜出革命队伍。而像萧锋这样意志坚定的红军,则成为革命路上"千淘万漉虽辛苦,吹尽狂沙始到金"的英雄。

三、周副主席到我团

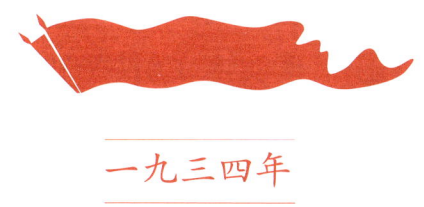

一九三四年

十一月九日　雨

在九峰圩，军团令我团为先头部队，要在十一日前抢占白石渡（镇），掩护全军通过敌第二道封锁线粤汉铁路，向湘西行动。

中央军委周恩来副主席和刘伯承总参谋长今日晨来到一师，带我们三团行动。周副主席身穿灰布军装，披件旧黄布雨衣，着草鞋，脸消瘦，胡子虽然很长，两只大眼还是那么炯炯有神。周副主席详细询问部队的行军、思想情况，如各连多少人，掉队多少，战士们有些什么想法，生活怎样，粮食好不好解决，等等。我们都一一做了汇报。当他知道干部、战士对目前的行军有许多问题想不通时，便耐心地给我们做了解释。他和蔼可亲地对我们说："要一切为着革命，敢于流血牺牲，排除一切困难。同时，在困难的时候，要看到光明和前途，要提高信心和勇气，不要被困难吓倒。"周副主席还乐观地说:"蒋介石围攻苏区,构筑了千沟万垒,妄图置红军于死地,但英勇的红军不是打出来了吗?大王山看上去高不可攀,但我们不是也闯过来了吗?革命本身就是在不断地同机会主义和各种艰难险阻进行斗争中得到发展和胜利的。"周副主席还告诉我们,蒋介石在粤汉铁路沿线布置了二十万兵力,企图将我军消灭在粤汉铁路以东,赣江以西,我们要赶在敌人布防之前,攻占白石渡,掩护红军主力通过粤汉铁路,向湘西挺进。听了周副主席的一席话,心中豁然开朗,既感到责任重大,又觉得踏实了许多。

刘总长年纪较大,身体较弱,视力又不好,走路困难,仍和我们三团一块行军,爬山过河,够辛苦了。

上午八时,我们几个团领导决定,马上边行军边召集有关人员开会,把周副主席的指示迅速传达给全团指战员,并立即启程前进,战士们响亮地喊着"一切为着革命"的口号,感到浑身是劲,行军速度加快了好多。晚达芳坑村宿营,行程九十余里。

十一月十日　雨

连绵小雨下个不停,但挡不住红军战士前进。晨七时出发,达罗家渡宿营,行程九十里。一路上看到周副主席、刘总长在部队中艰苦行军。在急行军中,周副主席将他那匹黄骡子给伤病员骑,自己却步行。他还利用行军小休或防空的机会,不断找战士谈心。每到一地,他和刘总长总是指示部属干部及时查看地形，研究敌情，布置警戒，规定紧急集合地点，调查下一步行军路线。

敌人的飞机像蚊子一样，每天都有八九十架次，真讨厌。

谭主任电告：沿途要注意扩红工作，能增加一个红军，就是对革命增加一份力量。四连昨日扩了四名新战士，六连扩了六名，增加了战斗力量。

九连在梅花圩打了两家地主，没收了财物，上交了二百五十块银元。梅花圩有四百余户，两千余人，有地主八家，富农十家，中农二十五家，贫农三百余家。地主、富农都跑了。一九二八年初，朱德、陈毅、王尔琢等同志带领南昌起义保存下来的一部分队伍，发动了湘南暴动，在这一带成立过县、区苏维埃政府，打过土豪，分过田地。有三名地下党员坚持工作，他们坚信红军一定会打回来，这次真的打回来了。

十一月十一日　阴雨

晨七时出发，途中遭敌机扫射，我团伤亡八个同志，大家恨透了蒋介石。在田头过武水河，赶到白石渡，行程一百一十里。在周副主席、刘总长亲自指挥下，我团奋勇杀敌，消灭了何键军阀两个连，胜利攻占了白石渡。周副主席站在镇南的一个小土坎上，微笑着对我们说："你们别看这是个小镇，可它是敌人第三道封锁线的重要支撑点，占领了它，对南挡陈济棠，保证全军通过粤汉铁路有重要作用。这带是大革命时期党领导的工农运动蓬勃发展的地方,尽管白色恐怖严重,但不少同志仍在坚持地下工作,革命总是有希望的。"

粤汉铁路筑路工人很多,配合红军打了几家土豪,战士们将得来的猪、鸡热心招待首长,大家共同改善生活。

团部宣传队今日沿途扩了四名新战士,补入二连。队长孔瑞云等同志很会做扩红工作,他们的经验应很好总结推广。

晚饭后,我们在祠堂里点了几盏猪油灯,挂上地图,我和团政委林龙发、参谋长彭明治等同志围坐在首长周围,请周副主席和刘总长讲形势、全军野战行动及部队必须注意的事项。周副主席一再告诫我们,要关心贫苦工农生活,要同工农站在一起闹革命,要依靠贫苦工农打倒土豪劣绅,组织抗日反蒋苏维埃政府。还要注意加强连队政治思想工作,要提高士气,巩固部队。

十一月十二日　雨

早饭后,周副主席和刘总参谋长要离开我们了,我和林政委、彭参谋长等一直把他们送到白石渡镇外,握手告别。周副主席亲切地拍着我的肩膀说:"忠渭[①]同志,我们到白区作战,困难很多,你是总支书记,越是在这个时候,越要加强连队党支部的战斗堡垒作用,要认真执行党的政策,要坚定地相信和依靠群

[①] "忠渭"是萧锋的原名,后在抗日战争中的一九三八年,周恩来给他起名"萧锋",意为"打仗冲锋在前"。

众,搞好宣传工作,使红军走过的地方都播下革命的火种。"他指着岗哨上的战士背上背着写有"站好岗"几个字的识字牌称赞说:"既打仗行军,又识字,战斗不忘学习,这个办法好。我们工农现在打仗需要文化,将来建设新中国更需要文化。"我激动地回答:"是!"他点点头,高兴地走了。我久久地望着他远去的身影,反复地回味几天来周副主席的亲切教导,对前途充满着必胜的信心。

师政谭主任布置在白石渡镇休整几天,要求扩红三百名。我担负扩红和筹款工作,到各连去了解情况,走了六十五里。

十一月十三日　雨

这两天整训、扩红,成绩不小。一营通讯班长陈忠梅兼任营青年干事,工作搞得很活跃,他们扩红三十三名,筹得现洋五千元。七连扩红筹款成绩突出。六连扩红十五名。团部特派员小袁跟三营突击队扩红四十二人。全团扩红三百余人,筹款两万多元。战士们说,在白区作战,比在苏区吃得好一点,就是粮食无保障,老是饱几顿饿几顿。

在师政治部的领导下,成立了白石渡三个区苏维埃政府,发展党员四十二人,建立了三个秘密支部,成立了六十多人的红色游击队,百余人的武装赤卫队。红军战士做到见群众就宣传共产党抗日反蒋、建立苏维埃的政策。

午后,谭政主任在我团召开政工会议,总结几天来在白石渡宣传赤化和扩红经验。谭主任说:"红军是穷人的军队,天下穷人是一家,无产者只有解放全人类,才能最后解放自己。日本帝国主义已侵占东北,只有全民团结,打败日本帝国主义,消灭国民党,建设新中国,才有希望。"谭主任还说明了部队到外线作战的意义和今后的任务,提出的口号是:赤化湘西南,与贺龙、萧克部队会合,粉碎敌人的第五次"围剿"。

现在,"围剿"江西的大多数白军已调到湖南围追红军。我们相信江西的父老兄弟一定会拿起刀枪,同白军英勇战斗,恢复、巩固和发展苏维埃事业!

红军突破第三道封锁线的地点之一——宜章渡口

十一月十四日　雨

红一团已向宜章进攻。今天,我团仍在原地休整待命。我们红三团从兴国县乱石圩出征时，共有二千七百二十四人，一路上由于战斗伤亡减员，只剩下约一千七百人了。这几天，我们在白石渡一带吸收了许多积极要求参军的粤汉铁路修路工人，扩红三百多，现又有两千多人了。我们还发动当地群众，组织了区苏维埃政府，恢复和发展了地下党组织，秘密建立了游击队，把地方工作开展起来了。群众热爱红军，愿意当红军，这是共产党的威信起作用。工农群众就是担心红军走后，地主和靖卫团回来会屠杀他们。湖南人民很有革命经验，也有对付反革命的办法。

接前卫团战报，在周副主席、刘总长的亲临指挥下，红一团已占领宜章城，蒋介石动用二十万大军在宜章、宁远间设置的第三道封锁线又被红军粉碎了。

师部令我红三团为先遣队，乘胜袭占蓝山城。我们立即准备，补充衣、鞋，备足粮食，分配新兵。

十一月十五日　晴

昨夜通过宜章城、骑田岭、牛荷村，过香花山，到楚江圩宿营，行程一百二十里。

楚江圩有五百六十五户人家，一千五百六十余人，其中地主九户，富农六户，中农二十五户，大多是贫雇农。有两个国民党大官的家庭，还有靖卫团长罗田梅的家。我们打了四家土豪，没收了许多衣、被、粮，都分给工农，受到群众热烈欢迎。

沿途扩红三十多名，大多是十七八岁的青年人，其中多数是没吃没穿的苦孩子。劳苦大众满腔热情来参加革命，给红军增添了战斗力量，我们热烈欢迎。

十一月十六日　晴

午后四时出发，向南经繁木村到石河宿营，行程百余里。一路上有五名新兵开了小差。机枪连扩红八名，掉队四名。搞革命真不容易，有的人吃不得苦，有的人一心牵挂父母妻儿，这些人就干不了革命。说实话，我心里也想念那可怜的瞎眼母亲，但我决不能离开部队，要永远跟着共产党搞革命！

十一月十七日　阴

午后四时出发，经临武县的下殿村，向西到水头圩宿营，行程九十里。这一带是红二师占领的，他们曾在这里扩红百余人。现我红一师又在这里扩红二百多人。红军每到一地影响都很大，地主土豪见了吓得屁滚尿流，劳苦大众见了高兴得了不得，群众心向红军。

十一月十八日　雨

上午，周副主席、刘总长第二次来到三团，要亲自率领我们抢占蓝山县城。占领蓝山便可掩护红军主力向西通过。

午后四时，经冠守村达黄危铺，行程九十八里。这里离蓝山城不远了。一路下雨,道路很滑。周、刘首长同我们一道行军,给大家鼓舞很大,指战员们情绪都很高。

据报告,蓝山城内有一千八百五十多户人家,八千五百多人口,三百余家商店,其中地主经商十五户。城墙很高,且有保安团千余人防守。看来,有一场恶仗要打。

十一月十九日　雨

晚七时出发,我跟一营行动,连夜经生田桥奔袭蓝山县城。沿途道路泥泞,很难走,强行军三十里,出敌不意,接近城下。我军发起猛攻,一阵炮火以后,一营冲进南门。经过一小时激战,消灭守敌保安团一个营,何键军阀一个营慑于被歼,狼狈逃窜。城墙又高又厚,要不是保安团无能,要硬攻还真需费点劲。打开伪县府库房,没收银元五千块、金子十多斤,并缴到军装、被服数百件。我们团部扎在伪县府,通知全团要注意政策,保护工商业,一切缴获要归公。

乡间有何永柱、任柯兴、吴传华三个地下党员来接头,汇报蓝山县情况。我们将排长于少田等九名伤员交给地方党组织,请他们妥善安排。并将三十五支步枪、两挺机枪也交给他们,让他们发展游击队,打击白匪军。

据讲,这一带由于受秋收起义的影响,群众都知道毛委员。

十一月二十日　阴雨

晨，周副主席、刘总长离团回中央纵队，我们在蓝山城外送行。

军团首长电令：蓝山城由九军团接防，红三团速进占宁远。遵令，将防务情况详细向罗炳辉军团长、蔡树藩政委等首长做了汇报。

午后二时出发，经河口达落山庙宿营，行程九十里。道路泥泞难走，掉队很多，尤其是新战士，他们缺乏锻炼，体力不行。二连四班长刘冀生因掉队失去联系。迫击炮连二班长张央知年轻力壮，打炮准确，这次解放蓝山出了大力。

政治处汇报，两天来扩红七十五名，有八个雇农、十个中学生。他们有的因父母被反动派杀害，要为父母报仇；有的为了逃婚；大多数青年是为了寻找革命真理，不愿受压迫。他们说，不当红军也得被国民党抓去当炮灰。有兄弟俩扛着锄头来当兵，要为父报仇。

没收十五家地主财物，筹款三万多元，筹衣、被一千二百件，备粮很多，这下红军供给又有了本钱。

明日袭占宁远，倘能成功，可挡住国民党薛岳、吴奇伟纵队追击，使我中央纵队主力能争取更多时间，胜利渡过湘江。

十一月二十一日　雨

午后二时出发，急行军经坝场村、师胡村达冷水铺宿营。据侦察，敌调来援兵已达一个团，集中守备宁远城，这给我军攻城造成极大困难。

团政治处在林龙发政委主持下，召开政工会议，团、营领导参加。会议分析了形势，总结了打蓝山城后部队的政治思想情况，研究了如何阻挡薛、吴纵队追击，并要求注意同地方党的联系，注意对战士进行前途教育，提高红军的战斗力，发扬革命英雄主义精神。

十一月二十二日　阴雨

经过一天半准备，晚十时向宁远城发起进攻。我一营进抵南关，突击队多次组织登城，战斗越打越激烈，至午夜撤出战斗。

据一俘虏供：昨晚何键两个团和薛岳一个团已入城，敌人还有八个师正向宁远集结，要堵击我军行进。决心撤出是正确的，要准备完成粉碎薛、吴纵队追堵的任务。

这几天飞机真多，七连陈敬群副连长腿被炸断，还硬不让人包扎，自己拉响手榴弹牺牲。他知道部队离开苏区，伤员不好安排，不愿给队伍增加困难，情愿自我牺牲，同志们都感到很惋惜！

十一月二十三日　晴

晨，敌机八架，轮番向我阵地扫射轰击。午，师部令我团换一团在水仔洞、横岭一带担任阻击，掩护主力转移。整天与敌厮杀，我伤亡三十余人，转移二十五里。最大问题是伤员无法安置，只好原地放在群众家。到白区来作战，最困难的是无后方，伤员无法收容，伤了等于死亡。二营六连排长何玉香负重伤，宁死也不愿留下。三营通讯班长刘挺楷，腿被打伤，要把他留下，他打天翻地不干，说爬着也要跟红军走。

地方党反映，国民党要在全州、湘江布置第四道封锁线，企图消灭红军。

十一月二十四日　晴

整天在西山横岭阵地阻击敌人。午，我们组织全力反击了一下，俘敌百余人，敌败退。午后三时，敌又发起进攻，我拼命阻击，一直坚持到晚，才安然撤出战斗。

我团掩护任务胜利完成，甩开敌人向西行动。连夜急行军，经沿口村到白芒铺宿营，行程九十里。师部令我团改任前卫，向道州城进发。我三营在白芒铺扩红二十七名，蒯秋棠只有十六岁，学做衣服，红军一来，他丢下剪刀，拿起刀枪，愿为工农打天下，这跟我参军时的情况差不多。我也是自幼学做裁缝，于一九二八年一月八日丢下剪刀参军的。

十一月二十五日　晴

午后四时出发，经青溪渡潇水河，达道州城宿营，行程百余里。道州城位于潇水河西岸，两面环水，有四千五百人，城墙高，有水壕，控制潇水河通道。师部令我团在道州阻击敌渡潇水河。

十一月二十六日　晴

晨，在道州城北门外，又见到了周副主席，我们向他详细汇报了宁远敌情。这时，数架敌机低空盘旋。周副主席告诉我们，蒋介石调集广东、湖南、贵州的军阀共四十万重兵，到湘西布置新的防线，宁远敌人也很快会赶来道州，情况复杂。周副主席要我团在这里稍微休息一下，然后迅速过湘江。最后，他又鼓励我们说："要拿出勇气，敢和各种艰难困苦作斗争。在中国苏维埃运动史上，哪会没有困难！我们有钢铁般的意志，愿为苏维埃英勇战斗，不论到哪个地方，不管碰上什么强敌，要勇气百倍，有条件就就地歼灭之，条件不成熟就转移，另找机会歼灭之。"

上午八时出发，离开道州经荷叶塘，遇到十八架敌机轰炸，部队疏散着前进，到新铺、曙光一带宿营，行程九十里。

十一月二十七日　晴

红一师从桂黄公路的才湾脚山铺沿桂黄公路北的左翼赶路，红二师在右翼，像一把铁钳，紧紧地夹住了中间公路，卡住敌人向北前进的道路。脚山铺是个只有几十户人家的村子。距全州县城约八里。小村子由北向南望，有四个山头，分别是黄帝岭的九文山，西侧是美女梳妆台山，还有冲天高的凤凰岭，望家山，怀中抱子山。

一军团红一、红二两个师在这里构筑工事,等待敌人送死。为牵制敌人,延缓进攻速度,红一师还派一支独立部队深入到离敌人十五里的鲁板桥,占领了离全州不远地方的鸡公岭、文家山。红一师派部分兵力插到全州东南角的水南村,一举攻占了两个碉堡群和五里岭,切断了全州石塘的公路,我们隔江向全州射击,打得守敌晕头转向,不知红军有多少兵力,这样打已持续了三天,敌人不敢大动。午后全州守敌用三个师,沿桂黄公路南进,晚达鲁板桥,受到红二师的阻击。

★ 专家解读 ★

到一九三四年十一月中旬,红军已经突破了国民党军第三道封锁线。与此同时,红军的行军路线也暴露了他们出发时确定的目的地——湘西,他们要与那里的红二、六军团会合。萧锋所在的红一军团是整个长征队伍的开路先锋,承担的战斗任务非常繁重。除了行军打仗,红军还要时刻提防国民党军的空袭,在完全没有防空武器的情况下,他们只能眼睁睁地看着敌机耀武扬威,看着自己的战友一个个倒下,内心的悲愤可想而知。周恩来、刘伯承等本来是跟着中央纵队前进的红军高级领导干部,他们两次到前线部队,既是了解部队战斗情况,也借此为官兵们讲解形势,鼓舞士气。而蒋介石此时也看出了红军的战略意图,他急忙调集数十万大军,在湘江上游设置了第四道封锁线。

四、进击全州渡湘江

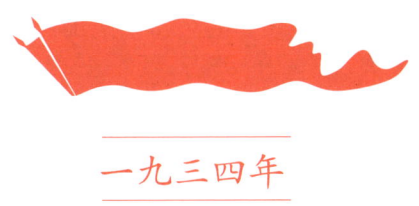

一九三四年

十一月二十八日　晴

　　晨,在一营方向,敌发起进攻,我全团投入战斗。抓一俘虏问,知该敌不是何键部,而是薛、吴纵队刘建绪率四个师,薛岳守全州,李宗仁、白崇禧、周浑元、李云杰等军阀分兵五路,四方攻击。真讨厌,我们想休息几天,可恶的敌人又来了。战斗一整天,敌人已渡过潇水河。我们连夜出发,经柳口、近苦村、梅花圩向湘西前进。这里是水网地带,打仗很不利。到单江宿营,行程百里,又把敌人甩在后面了。哎! 今天甩了这股敌人,明天又会碰上另外一股敌人,国民党兵就如鞋上的烂泥巴,总是甩不掉。

　　我负责收容队。行军路上,担架队战士梅若坚问我:"总支书,这里是什么地方? 二军团、六军团在哪里? 走到哪是个头?"说实在话,我也不知走到哪是个头,我只好回答:"我们这两条腿是属于革命的,上级让往哪走,我们就往哪用劲!"

十一月二十九日　阴雨

午后四时出发,过永安关,经桂寨岩、白竹到文市宿营,行程九十里。进入广西省北面的全州地区了,这一带全是高山丛林,好防空。

十一月三十日　晴

洛塘、江背、灌江河、贤家寨都是全州的郊区。远远可见北面全州城灯火闪亮,隐约听到一些炮声和机场上飞机的轰隆声。

接师部电,全力向全州进击。午后四时出发,经艺珠山,老铺里。这里是湘西地区了,可能与红二、六军团会合。听说红二、六军团在常德西侧打击薛、吴纵队,很高兴。与这两个军团会合,在湘鄂打几个漂亮仗,从宜春方向打回江西,进逼南昌,抄敌后路该多好!

经赵同屯、白沙铺来到全州城外黄土井宿营,行程四十五里。传二师已退到田心铺,全州敌已集中几十万围阻军,这仗可能不打了。

湖南人民比较了解红军的处境,地方党很体会红军遇到的困难。这几天每到一地,群众积极支援红军战斗,许多工农踊跃当红军,每个连都扩充了新战士。三连新战士铁杆说:"我是个卖油条的,一天赚不了几个钱,见到红军,丢下担子就扛起了刀枪，要为工农杀敌报仇。可是，当红军一个钱都没有，为钱就不来当红军了。"这话说得多么深刻啊！

十二月二日　阴、晴

军团和师都下了争取全州决战胜利的指示。团政治处的同志分别下到连队，帮助下面进行政治动员，发动指战员坚决执行命令，为扭转战局，争取主动，占领全州，消灭堵追红军的反动派而战斗。

晨，跟军团首长到全州西南灌木林、乌龟石山一带看地形，看样子局势不利，敌集中三四十万人向我军包围过来。

午后二时，敌数万忽由全州向南朝石冲门、麻市攻来，红二师两翼遭到白军猛烈进攻，数十架飞机低飞乱轰，我军被迫全线撤退下来，连全州是个什么样子都没有看到。我们保护军团首长撤出战斗，到石塘镇、鳌鱼洲一带布防。七万红军上战场，撤下来已不足四万人。八军团三十四师等部队被冲散。高兴变成失望，到湘西会合红二、六军团不可能了。团政治处召开紧急会议，萧元礼同志写了个宣传大纲，林政委修改补充后，由政治处全体干部分头到各连进行宣传解释。一营情绪较稳定，三营思想波动大，要加强政治工作。

十二月三日　晴

我团向西到达咸水、彭家渡、洛江宿营，行程五十里。保证完成朱总司令、周副主席要红三团在十二月二日十二时前,利用白沙河、脚山铺、洛口间组织防卫,不让敌人突破白沙河南岸,使全野能顺利过湘江的任务,总部驻在界首、马渡桥间。我团是善攻不善守的部队,这次首长把阻击任务交给三团,是对我们极大的信任,同时也是对我三团的严峻考验。

林政委及时布置任务,团政治处深入进行政治动员,参谋处到战地检查防卫准备,全团指战员连夜发动群众,在脚山铺一带构筑工事,积极备粮,准备担架,坚决完成任务,绝不让白匪进到白沙河、麻子山以南,一定要掩护红军主力过湘江,向盘家田、石门以西的山地转移。

十二月四日 晴

晨,敌人向我阵地发起进攻,我拼死防守。林政委亲自带领全团指战员向老萧家、彭家山高地一带的敌人发起反击,打垮敌人一个师,俘敌三百多人,并将防守阵地向前推进了八里。

午,蒋介石嫡系陈诚、罗卓英的几个师,忽然从我团左右翼迂回包围过来,全团陷于重围。团首长决定:任务已完成,收拢部队向西突围。我们向各连下了命令,齐向吴奇伟纵队冲杀过去。刺刀对刺刀,白刃格斗两个多小时,杀死敌人数百名,突出了第一道包围圈。我们转行不到半里,不少敌人又从几面围上来了,两个敌人一起向我刺来,被我来个防左刺,"杀!"一个家伙随声倒地,我又一个防右刺,"杀!"另一个家伙也上了西天。

林政委高呼:"同志们,跟我冲啊!"我们跟着林政委向西杀去。没走多远,敌人又围了上来。我同三营九连胡崔华同志一起,看到敌人就杀,遇到白匪就刺,刺刀弯了,又拣起二连谢连长的遗枪,继续冲杀。四个白匪向我围来,我前后两下,刺死两个,剩下两个,急忙逃窜,我追上去用枪托打倒一个,另一个企图反扑,我躲在一棵树后,敌扑了个空,我乘机从敌后背捅一刀。正在激战中,忽听林政委高喊:"同志们,枪声就是命令,冲出去,向师部靠拢。"大家也高喊:"为革命,杀呀!"吓得敌人晕头转向,急忙躲闪。有个瘦猴样的敌人向我扑来,他一枪刺在一棵小树上,我立即跳到另一棵树背后,一个突刺,"杀!"送他见了阎王。我部在小松树林内与敌穿插冲杀,刺死刺伤敌几百人,自己伤亡也很大。我们边战边往西冲,又走出数里地。这时,西山下敌人似潮水般地涌上来。我大声高呼:"为了革命,杀呀!"我们同敌展开了拼死搏斗。我又接连刺倒几个敌人,也差点被敌人刺上。直到午后二时,在红二团援助下,才摆脱了敌人十几道重围,冒着敌机的狂轰滥炸,疾奔十余里,甩开了敌人。

大家最关心的是中央直属纵队的安危,到了北山红二团阵地上,听到师聂鹤庭参谋长讲,毛主席、周副主席、朱总司令等首长和中直纵队已安全渡湘江,中央机关和一军团大部都转移到青山嘴以西山沟。这时,我们才松了口气。

晚上一查点,全团折损一半,不少同志都痛哭流涕。炊事员挑着饭担子,看到香喷喷的米饭没人吃,边走边哭。我也蒙着头哭到半夜。萧元礼、蔡教生、郭庭柱等同志还活着，他们也抱头痛哭。这是我到三团后第一次大损失。从中央苏区出征时，我团是两千七百多人，现在仅剩下八九百人了。不过，总算突破了蒋介石精心布置的第四道封锁线。这是红军指战员不怕牺牲、英勇奋战的结果。

十二月五日　阴雨

从沈家、江山口出发，到才湾宿营，行程九十里。两天来的激战，我们与军团部失去了联系，没有电台，大家很着急。战士们问："到哪去？"团政治处说："同志们走吧，翻过大山，过几条河流，就到目的地了。"其实，他们也不知道目的地在什么地方，只是用这些话来宽慰同志们。二营文书小胡对我说："总支书，你们心里有个底吗？自离开中央苏区，我们整天走，从江西、广东、湖南、广西走到贵州，快走了半个中国了，我这两条腿也不听使唤了。"我告诉他说："中国那么大，帝国主义分割统治，经济发展不平衡，东方不亮西方亮，黑了南方有北方，哪里好粉碎国民党'围剿'，就到哪里去。要相信党和红军的力量，相信红军总会找到创造苏区的地方的。"小胡说："听你这么说，中国革命有希望，我的脚就有劲了。"

十二月六日　雨、雾

晨七时出发，雾天辨不出方向，东转西找，经天井塘、江落山到油榨坪宿营，行程百余里。在这里又看到军团的路标，大家都很高兴，我们又找到了军团司令部。这一带地方住的都是苗族，在反动派压榨下，他们生活很苦，没有粮食吃，我们看了心里很难过。

十二月八日　阴

接师部令，我团为先遣队，向滇东急进。早晨从油榨坪出发，晚上到贫富场宿营，行程一百一十里。今天过了几条河，翻了几座山，大家走得脚肿皮破，掉队的很多，把收容队的同志忙坏了。政治工作难做，病号往哪里放，到什么地方创根据地？！

十二月九日　阴

晨七时出发，经黑江头、牛练塘进入龙胜县境。这里全是山区，县城也在半山坡上。在这一带居住的都是苗族同胞，他们在国民党反动派和土司头人的压榨下，没有饭吃，没有衣穿，生活十分贫困。我们刚进入苗胞区时，因受国民党和土司头人的欺骗宣传，他们不敢接近我们。由于我们积极宣传党的民族政策，再加上红军纪律严明，说话和气，买卖公平，借东西归还，损坏东西赔偿。苗胞们看到这些，觉得同国民党和土司头人宣传的完全两样。因此，他们渐渐地同我们接近起来了，大家都称赞红军好，许多苗族青年争着要当红军。

★ 专家解读 ★

　　湘江之战是红军长征史上最为惨烈的一次战斗。当时国民党军十六个师从后面和两侧三个方向将红军团团围住，江对岸还有白崇禧、陈济棠的桂、粤两军九个师。为了掩护中央纵队过江，红军先头部队和阻击部队付出了巨大的牺牲，涌现出许多可歌可泣的英雄事迹。先行渡江的红一军团的战士们子弹打光了，刺刀拼弯了，枪托砸坏了，就用石头打，没让敌人前进一步。殿后的红五军团三十四师在完成掩护任务后，被敌人四面包围，师长陈树湘重伤被俘后，用手绞断自己的肠子，壮烈牺牲。此战过后，中央红军从出发时的近九万人，只剩下三万余人。

五、袭占黎平到贵州

一九三四年

十二月十日　阴

晨七时出发，经古河、江头司到通道县南的运口桥大休息，过硬固堡宿营，行程一百二十里。

十二月十一日　阴雨

上午八时出发，经潘家湾、大坝场到桥寨宿营，行程八十里。这里地形复杂，河水有毒，脚边走边肿。可是，部队缺少药品，无法医治，这对我军的战斗力是个严重威胁。

午后一时左右，在渠水河畔牙屯堡的一个祠堂里，我们又见到了周副主席，他今天显得特别高兴，连水也没顾上喝一口，就召集我团几个领导开会，亲自交待抢占黎平城的光荣任务。周副主席高兴地告诉我们，插向滇东的行动计划，是毛主席在通道会议上提出的。毛主席认为，在现在的条件下，要放弃在湘西同

二、六军团会师的计划，改向敌人兵力比较薄弱的贵州北前进，力争在运动中打几个胜仗，创建黔滇川边苏区，扭转红军出征来的被动局面。大家感到有办法了。

听了周副主席的讲话，大家劲头顿时上来了。

十二月十二日　晴

八时出发，在周副主席率领下，全团为师的前卫，像利剑一样直插向黔东。我团按一、二、三营秩序经义冲、黄稻、龙寨塘，在田屯休息。周副主席不辞劳累，深入一营的战士中了解情况，战士和干部看到周副主席，听了他的动员，精神比前几天好多了。

下午二时继续西走，经荷包田高地庙宇，涉过一条河到阳朔、陈家庄宿营。全天翻两座大山，行程九十里。一到宿营地，周副主席领团指挥员看地形，部署警戒，调查行军路线。晚又到二营看望指战员们。回团后，他精神十足，毫无睡意，我们围着他，他向我们传达了通道会议精神。他说："通道会议只开了半天，是由我、朱老总和王稼祥发起的，会上博古主持会议，李德列席会议。主要议题是：全州恶战，红军损失惨重，今后红军究竟向何处去？若向南，蒋介石、何应钦军阀已派了二十多万兵力，在湘黔桂的新晃、辰溪、降回等地布置了个大口袋，李宗仁、白崇禧军阀兵力从南向北压来，因此，只有向西走，西边有王家烈、侯之担的黔军阻击，这些军阀不堪一击。毛主席提出停止向北同二、六军团会师计划，目前红军只能向黔北出发，以遵义为中心，钻到敌人腹部去，在那里集中力量打几个好仗，争取时间，扭转长征后的被动挨打的局面，以创造一个新的苏维埃根据地，把伤病号好好安置一下。"我们听了周副主席的传达，很高兴，全团积极赞成这一会议精神。接着他说："你们三团西去抢占黎平就是为了这个目标而奋斗的。"

十二月十三日　雾、雨

　　七时出发，团部首长打着红旗，借助崇山峻岭为屏障，向黎平急进，经冲口、坪房、西冲、马家榜后，大休息。政治处深入连队，动员全体指战员坚决拿下黎平，为全军向黔东前进打开一个缺口。一、五、九连担架队反映很好，周副主席亲临前线。黄永胜团长和林龙发政委指挥作战。

　　午饭后一时出发，经大田榜翻大山经老康涉洪州河，沿河西北上，又经老鲁屯，转水过屯立河公路行进到舍田、高旺宿营，行程一百二十里。晚七时随宿营地四处调查黎平城敌情，据群众讲，有个保安团五六百人。又有的说，有王家烈一个团把守。林政委要政治处深入连队传达。明天午前袭占黎平，周副主席半夜才睡，我们不断地在周副主席住房周围检查警戒。

十二月十四日　雨

　　晨四时出发，按一营、团直、二、三营和后勤队形，经山脚,吴公形,到烟灯脑天已明,远远看到雷公山下的黎平城。七时赶到汪家庄,立即展开战斗。我一营打西面,二营迂回到黎平河西北面。当我一营接近东门时,敌闻风而逃,二营正赶到西关时,将逃敌全歼,活捉五百多人,大多是农民子弟,做些工作抽出二百多,补充各连。三营和团直正午进城,城委会协助,确定四个主要土豪,没收了资财,除留一部分供部队生活所需外,大部分留给中央纵队和贫苦农民。

在原国民党县党部吃了午饭,午后四时,周副主席要我带三营留在黎平等中央纵队,将缴获的五六万斤大米交中央纵队生活用,三团主力向施秉前进,为保护黎平,必须控制湘黔公路重镇,周副主席兴奋地说:"中央要在黎平召开政治局会议,不久你们就会了解会议情况。"随后红一师和一、二团从南关门外前进,三团主力就向施秉、余庆前进,准备渡乌江。

十二月十五日　阴雨、雾

上午八时出发,经五里桥、草鞋铺到新柳宿营,行程八十五里。在行军中,我同三营王营长交谈。他说:"现连队工作难做。九连在苗胞区扩红四个新战士。七连支部战斗堡垒作用没有充分发挥,连长同政治指导员有时不团结,但巩固部队工作做得还好,沿途扩红有办法。二排长思想不稳定,积极性较差。司务长态度不好,好几个月不分伙食尾子了,战士想吸点烟没钱,大家有意见。"

十二月十六日　晴

在新柳休整一天。原红七军的老干部黄甦同志来担任红一师政委。我团召开了政工会,分析了全州战斗失利情况,总结了半个月来行军打仗的经验教训,提出要抓紧扩大红军的工作。

这两天,全团扩红七十五名。有许多苗胞参军,他们熟悉环境,熟悉道路,使我们行军、宿营、生活都更方便了。

十二月十七日　阴

上午八时由新柳出发,经鳌鱼嘴到八嫖宿营,行程七十五里。三营王营长情绪有了好转,行军中积极帮助年小体弱的战士背枪。在鳌鱼嘴,七连扩红四名,都是苗胞兄弟。吃午饭时,苗胞看到红军官兵在一起吃饭,都说还是红军好。

十二月十八日　阴

上午八时由八嫖出发,经婆洞到河口镇宿营,行程六十五里。行军中,二营彭营长问我:"总支书,我们到了什么地方?怎么走起来没个完?在这里建立苏维埃根据地不是很好?"我说:"老战友,走吧,还是到了遵义再说。"

听说薛、吴纵队沿湘黔公路又追上来了。这些家伙真讨厌,红军走到哪他们就跟到哪,非好好收拾他们不可。

十二月十九日　阴

　　晨七时由河口镇出发，经南旁到柳寨宿营，行程六十五里。听说红二师向黄平、瓮安方向前进，可能在江界河一带渡乌江，中央纵队跟着红二师前进。二连在河口镇扩了五个新战士，都是苗胞。给团部当向导的两名苗胞，走了半天，非要留下来当红军不可。把他们编到通讯排，发给每人一支驳壳枪，都很高兴。在黔边行动，得扩红点贵州籍的战士，否则无法行军。

十二月二十一日　阴

　　晨七时从南哨出发，渡清水江，到剑河城宿营，行程五十里。这一带路不好走，不是爬坡就是过河，行军速度很慢。听当地人讲，这里离施秉还有百余里。

十二月二十二日　阴

　　晨七时从剑河出发，经东斗到上格东宿营，行程六十五里。晚，政治处召开政工会议，简单小结从黎平出发数日来部队的政治思想工作情况，林龙发政委讲了话，鼓励大家打下施秉，进逼乌江，争取在战斗中立功。

十二月二十三日　阴

　　晨七时从上格东出发，经乌鸦铺到偏寨宿营，行程六十五里。在上格东打了两家土豪,没收肥猪十二头,谷子百余担。把一半谷子和部分物品分给穷人,老公公老婆婆都高兴得哈哈笑。他们说,要不是红军来,哪能分得这许多谷子和物品!

十二月二十六日　阴

我团奉令于午后四时出发,抢占施秉城。我同三营提前出发,急行军九十里。晚十二时攻打施秉,白军逃跑了。施秉周围都是森林,打游击可方便了。

十二月二十七日　晴

打下施秉后,我们派出宣传队进行宣传,街巷里写满了"红军是穷人的队伍!""援助少数民族!""打倒国民党反动派!"等标语。我们还专门研究了今后如何打土豪的问题。要通过打土豪,把苗胞发动起来,反对蒋介石、王家烈。

打了几家土豪。这里土产甘蔗糖饼子很多,每个人都吃了个饱,还带了许多作干粮。这是入黔后生活最好的一天。

这一带靠湘贵公路,沿途树林很多,敌机来得少一点,白天走路方便,掉队的也少了。

十二月二十八日　阴雨

奉令抢占余庆城。晨七时出发,沿湘贵公路北上,经镇扬,过沅水河,在徐家河宿营,行程九十里。沿途扩红十四名,其中有三个雇农。这里的人穷得没有饭吃，积极要求当红军。红军官兵平等，不吸鸦片烟，不欺压劳苦大众，把穷人当作阶级兄弟看，有福同享，有难同当，所以受到了穷人的拥护。

在行军途中，遇到了总部的黄参谋，他告诉我，听首长说，中央政治局十八日在黎平召开了会议①，有个决定，认为在湘西创立苏维埃根据地，目前已不可能，并且是不适宜的。中央认为，新的根据地应该是黔滇川边苏区，最初应以遵义为中心建立苏维埃政府。

十二月二十九日　阴

晨七时出发，往东北行，过清水河，遇敌机扫射，休息半小时，然后过汤水河，翻大山到白泥镇宿营，行程七十里。掉队的特多。沿途扩红二十名。要在滇东北占领辽阔的地区，扩大苏维埃影响。

利用休息的机会，师政治部召开政工会议，由谭主任传达黎平中央政治局会议精神。听说在黎平休整时，军委撤消了八军团建制，将所部并入一、三、五军团。周昆军团长到一军团任作训科长，黄甦政委调到红一师任政委。

---

① 黎平会议：一九三四年十二月十八日，中共中央政治局在贵州黎平举行会议，研究中央红军今后的战略方向问题。会上，毛泽东的继续向贵州西北进军、在川黔边建立根据地的主张得到多数与会同志的赞同。这次会议也标志着中央红军战略方向的一个重大转变，红军开始从被动局面中逐步摆脱出来。

蒋介石为阻止红军北出湘西与红二、六军团会合,集结重兵沿途构筑碉堡群,力图阻止红军从湘黔边境北上。无疑,如果继续北上,正中敌人下怀。紧急关头,红军做出重大战略调整,西入贵州,准备创建川黔边根据地,一下子打乱了蒋介石在湘西同红军决战的计划。

此时的红军虽然战斗任务仍然很密集,但精神上是放松和愉悦的。对于周恩来这样的党中央领导而言,他们的愉悦在于毛泽东的正确意见开始被采纳;对于萧锋这样的一线指战员来说,他们的愉悦在于几个月的连续行军终于有了正确的目标。

六、抢占乌江进遵义

一九三四年

十二月三十日　雨

赖传珠代政委又回红五团当政委去了，前不久新调到我们师的黄甦政委率我们红三团行动。出发时，以二营为前卫，中午经激战，袭占余庆城，消灭王家烈"双枪兵"（一支步枪，一支鸦片烟枪）一个营，余敌向大乌江逃跑了。我团和师部进驻城内，由师部民运科统一领导打土豪。该县城有八百多户人家，三千二百多人。城里有商店四十五家，其中地主经商的二十五家，另有小商贩近百户，官僚地主八户。

红军派出的宣传队在城乡积极宣传，说明红军是工农的子弟兵，主张全国各族人民团结起来抗日救国。元旦准备加餐，民运科分给三团二十五头猪、三百多只鸡鸭，准备好好吃一顿。

十二月三十一日　阴雨

部队隐蔽休息。在余庆县万寿宫，谭主任主持召开全师连以上军政干部会议，李聚奎师长、黄甦政委做了出征以来的军政报告，分析了形势。黄政委还传达了中央政治局猴场会议①的精神：红军要打到遵义去，创造新的根据地。正在开会时，师长接军团部电令：一师立即出发，限一月三日前抢渡乌江。接着，黄政委说明抢渡乌江的意义，要粉碎蒋介石、王家烈军阀利用乌江天险夹击红军的阴谋，迎接一九三五年的到来。

我部于下午四时出发，打土豪得来的鸡和猪肉也没时间吃了，有的送给工农，有的煮得半熟，边走边吃。敌机炸来炸去，我们也不管，一个劲地走。大家边走边骂蒋介石，说他害得我们连过个元旦都没有时间。根据师政治部的指示，我们火速分人到各连，边走边传达军团的命令，保证实现一月三日前抢渡乌江的计划。

---

① 猴场会议：中央政治局于一九三五年一月一日在黔北的瓮安县猴场（今草塘）召开的会议。周恩来主持会议，参加者有博古、毛泽东、朱德、张闻天等。猴场会议事实上认可了毛泽东的军事方针，基本结束了"三人团"的军事指挥权，确立了政治局决定重大问题的原则。

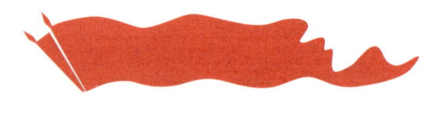

一九三五年

一月一日 阴雨

午后二时经招垰到龙溪宿营,行程九十里。一路上,我们干部分别和战士们边走边谈,根据师首长报告精神,反复说明我们要继续走,将来会有立脚的一天,要反对悲观论调,打过乌江去!

一月二日 雨

晨七时从龙溪垰出发,一路急行军,行程一百二十里。敌人在乌江两岸封锁严密,我们要寻找个地方打过去。师部研究决定,我们红三团为第二梯队,主要任务是配合第一梯队红一团强渡乌江。一团团长杨得志、政委黎林、参谋长胡发坚以及一营长孙继先、二营长陈正湘、三营长尹国赤等同志和我们一起研究渡江方案,决定由一团一营二连抢渡乌江,这个连队人多,战斗力强,大家相信熊尚林连长能担负起这个光荣的任务。

接师政通知:由于全军即将过乌江,中央政治局做出了新的决定,要立即准备在黔滇川边广大地区转入反攻,建立新的苏区。首先要建立以遵义为中心的黔北苏区,然后向川南、滇北发展，这是目前最中心的任务。

一月四日　阴

从龙溪急行军赶到沙坝，又遇八架敌机疯狂扫射和轰炸，我们见惯了，不怕。红一团已进到袁家渡（大乌江），我团政治处开会研究，积极支援一团强渡，战斗就要打起来了。红军曾渡过赣江、湘江，乌江并不可怕。据三营抓的俘虏供认，守卫乌江的是贵州军阀王家烈的心腹干将侯之担的亲信、老鸦片烟鬼林秀山旅，他的士兵号称"双枪兵"，听到枪响就打颤，老兵还带娃娃，这对我抢渡有利，但准备了两夜，却找不到渡船，因为所有的船都被敌人抢走了。如果架桥，水流湍急，对岸又有敌军严密守备，天上又有敌机不断扫轰，肯定不行。

我团遵照师部指示，组织人员到一团渡江阵地看地形，昨夜派出三十六位英雄水手试渡，其中有六名水手是我们三团派去的。经过激战，只过去十三人，架桥仍没有希望。军团首长命令炮兵营赵章成营长前来协助强渡，部队扎了许多竹排（竹筏），准备用竹排渡江。

午后三时开始战斗，全师集中火力扫射敌人，人人高喊冲呀！杀呀！经三小时激战，第一个竹排的勇士上了岸。接着，第二、第三个竹排上的勇士也相继上了岸，协同昨夜游渡过去的十多名勇士，用刺刀、手榴弹反击敌人。炮兵营用迫击炮、小平射炮准确地命中目标，将敌人盘踞的破庙据点摧毁，敌人死的死，逃的逃，我前锋部队占领登陆场。杨团长等迅速布置工兵连拼命架桥,到半夜时分,我三团就通过浮桥,随着大军向遵义猛追逃敌。

一月五日　阴

晨追敌到凉水井宿营,行程七十五里。败敌向遵义逃命,沿途丢盔弃甲,蒋介石想在余庆、茅坪等地消灭红军的阴谋又破产了,被消灭的倒是他的走狗王家烈部队。我团清查,共俘敌警备旅一百五十多人,兄弟部队也俘虏了不少敌人。

一月六日　阴雨

部队追到兴隆场、黄家坝一带。在高台镇,师政治部召开会议,黄政委传达中央政治局一月一日发的关于野战纵队过乌江后行动方针的决定,主要精神是:由于我野战纵队已跨进遵义地带,因此,立刻准备在黔滇川边广大地区内转入反攻,建立黔滇川边新苏区,然后向四川发展,力争同红四方面军会师。

一月七日　雨

上午九时出发,经波中场到达瑞湖湄潭欲宿营,行程九十里。数天来全在苗胞地区活动,苗民很穷,没有衣服穿。他们送猪支援红军,我们很感激。我们将打土豪得来的粮食、衣物分给苗胞。

一月八日　阴

听前方消息,红二师的六团已于一月六日雨夜攻占遵义。中央首长七日晚已进了遵义城。

今天接到总政治部代主任李富春同志签署的为进驻遵义城颁发的十二条口号及八项注意,要求各政治部、处转发到各连队去,严格遵守。

口号:

1. 红军和工农群众团结起来!

2. 建立遵义的工农政权!

3. 创造川黔滇边新苏区!

4. 打倒无恶不作的王家烈!

5. 消灭卖国贼蒋介石的主力!

6. 消灭警察队和民团!

7. 消灭一切苛捐杂税!

8. 工人实行八小时工作制,增加工资!

9. 没收地主的土地分给农民!

10. 贫民实行打土豪、不还债、不交捐!

11. 红军万岁!

12. 遵义工农解放万岁!

进遵义城的八项注意:

1. 整齐武装服装。

2. 不掉队落伍。

3. 不脱离部队、不自由行动。

4. 到宿营地后出外要请假。

5. 私人不准向群众借东西。

6. 不乱买东西吃。

7. 无事不要进群众家里去。

8. 注意卫生，不乱屙屎尿。

上午九时出发，经板桥到虾子场宿营，行程九十里。

三营七连扩红八名，有的苗胞也来参军。汉、苗多数都是受苦人，一根藤上的苦瓜，国民党是汉、苗的共同敌人，联合起来，打倒蒋介石。

午到师政治部开会，谭主任传达上级指示：根据各方面的条件，决定部队暂时停下来，以遵义为中心，赤化黔滇川边。听后真高兴，总算有了目的地，有了个底。这一带地区穷人多，要扩红，建立区、乡苏维埃政权，速建地方党组织，建立地方武装游击队，逐渐组织主力红军。

敌机仍然不断空袭，乱扫乱炸，我们宣传队又有两名战士被炸伤。六连在当地扩红七名。

一月九日　阴

晨七时出发，经老蒲场、严家湾、马老窝到遵义城东关宿营，行程三十里。遵义城比瑞金城还大，周围是山区，国民党不容易来，做我们的红色首都倒不坏。大家很高兴，有了立足点，伤病员也有地方放了,减轻了战士们精神上的负担,但这一带很穷,虽比不上一九二九年初红军从井冈山向赣南、闽西进军时的环境,可也有建立根据地的有利条件:

一、这里偏僻多山,经济落后,发展不平衡,交通不便,距敌人心脏较远,地方军阀同蒋介石有矛盾,威胁不大。

二、群众受压迫厉害,革命要求强烈。出产的粮食和盐基本上可自给自足。

三、川北有红四方面军,湘西北有红二、六军团,三角鼎立,相互呼应,有利于我军互相策应,组织联合进攻。

四、红军主力比一九二九年从井冈山向赣南、闽西进军时强大得多。

五、敌人派系很多,内部矛盾突出,不易统一,有利于我们利用矛盾,寻找机会消灭敌人。

六、地区广大,有广阔的回旋余地,便于我军运动战。这里尽是穷山,国民党建碉堡也困难,红军主力可以背靠苏区,面向长沙、武汉、重庆发展。

一月十日　阴

遵义是贵州北方重镇,向北是重庆,向南是贵阳,东是武陵山,西是大娄山,地处丘陵地带,便于军事游击。全城约有三万人口,市容比较繁华。街上到处都贴着红军写的大标语:"红军是工农自己的军队!""打日本帝国主义去!""共产党是中国革命唯一的领导者!"

上午,在师政治部开会,谭主任详细讲解了中国工农红军总政治部代主任李富春同志签署的布告,主要内容是:

红军是工农群众自己的军队,实行中国共产党的主张,彻底没收地主的土地分给农民,消灭豪绅地主封建势力,推翻军阀国民党政府,驱逐帝国主义出中国,为创造工农群众自己的政权——苏维埃而奋斗!

红军所到之地,绝对保护工农的利益。红军是有严格纪律的军队,不拿群众一点东西,借群众的东西要还,买东西按照市价。

会间,看到军委萧向荣秘书长和总政组织部李弼庭部长。在江西苏区时,我在总政工作过,彼此都熟悉。

会后,回团部吃饭时,通讯员送来通知,上写:奉军团令,调萧忠渭同志到红一师政治部任巡视团主任,易秀湘同志到三团任总支书记。虽然我心里有些舍不得离开三团,但一想到服从组织需要,就立即准备交接手续,先向林龙发政委征求意见,欢迎批评。我的缺点是:火气大,团结同志方面做得不够。到新的工作岗位以后,我决心改正缺点,为党做好工作,把青春献给革命事业。林政委要我到师政后,经常回团检查工作,互相学习,共同前进!

一月十一日　阴

白天把工作移交后,晚行十五里,达师政驻地东关宿营。睡觉时,做了番自我总结和回顾。在三团工作半年,我主要负责团政治处工作,在首长的关心和同志们的支持下,完成了党交给的任务。对上级的决议、指示和命令是坚决执行的。大家说我能深入连队,联系群众。缺点是:个性强,脾气过于急躁,工作方法太生硬,同青年干事蔡教生等同志的团结搞得不怎么好,这是应该改进的。经验教训是:只有努力学习,不断改进领导作风,团结战友,才能更好地工作。

一月十八日　阴

师政谭主任找我谈话说:"为了加强政治工作,调你来师政任巡视团主任,要深入各团基层,了解情况,帮助工作,巡视团工作人员有吴富善、刘锦平、金行生等同志。"在大街上玩,碰到萧向荣秘书长,他紧握我手说:"这下形势可会大好,党中央召开了政治局扩大会[①],总结了五次反'围剿'苦战一年多至今转战到遵义的经验教训,肯定了毛泽东等关于红军作战的基本原

[①] 遵义会议:一九三五年一月十五日至十七日,中共中央政治局在遵义召开扩大会议。会议批评了博古、李德在军事指挥上的错误,解决了党内所面临的最迫切的组织和军事问题,确立了毛泽东在中共中央和红军中的领导地位,在极端危急的历史关头,挽救了党,挽救了红军,挽救了中国革命。

则,取消了博古、李德的最高军事指挥权,并推选毛泽东为政治局常委,正在研究决议。只传达到团级干部,往下要保密。"

我们在遵义城东关休整几天。这里已经成立了县革命委员会,罗梓铭同志任革委会主席。在红军的帮助下,黔北各地的红色政权纷纷成立。听说罗明同志被派到地方工作。我在中央党校学习时,他是我们的教务主任。

一月十九日 阴

今天我们开始行动,经水源坝、茅草铺、运亭桥到刘南坝宿营,行程四十里。

谭主任派我同吴富善、金行生两同志跟一团行军,了解一营连队支部活动情况,协同沿途扩红。一路上,穷人参军的很多,听说二团已经扩红一百二十多名,一团的扩红工作要赶上去。一师协同二师攻打娄山关,晚占桐梓城,师政住在电厂,接收好多工人。

一月二十二日 阴

红二师在前面打下娄山关。娄山关是贵州北方要冲,东西有山,南北是盘山小道,山腰有破城墙,历代很多兵家在这里打过仗。王家烈为阻止红军北上,筑了许多临时工事,结果四个团都被红军打垮,其中消灭了两个团。我军乘胜占领桐梓城。

我随军经田坝、周家湾、高坪、娄山关到达桐梓城，行程九十里。一路上看到一百多具敌人死尸，撒在娄山关南北小道上，军官坐的破轿子也丢在路旁，王家烈败得真惨。

桐梓城是王家烈的老巢，传说这一带是历史上夜郎自大的夜郎王国。如今，王家烈也很会吹牛皮。这城四面环山，南北有公路，还有些小工厂，全城约两万人口，有电灯，比较繁华。白天，在街上看到红军在墙上写了许多宣传标语。入晚，我们去看电灯公司的机器。我从来没见过发电机，这是第一次。这座城是我们出征以来经过的最漂亮的城市。

一月二十三日　晴

沿川贵公路北上，经石中场达松坎镇宿营，行程九十里。我们准备在泸州、宜宾间强渡长江，在川西北会合红四方面军，继续北上抗日。

晚，师政召开部务会议，谭政主任传达中央指示：

一、要以遵义为中心，创造黔滇川边苏维埃革命根据地，开创一个新局面。要大胆放手发动群众，努力建政、建党，积极扩大红军，创造地方武装和赤、少队，用武装保卫苏维埃。红军在黔、川东走西转，目的是要在运动中歼灭国民党的有生力量，打土豪分田地，使耕者有其田。反对苛捐杂税，实行统一征税。要扩大共产党在全省的影响，大胆提拔经过锻炼的优秀地方干部。

二、利用战斗间隙，整顿军队，八军团拆散后，将红三师

（少共国际师）分散，充实到一军团。各个师、团在必要时，可编为小师、小团。加强党的领导，加强部队纪律性，反对不良倾向，提高政治工作的威力，提高红军的战斗力。

三、要设法把云南龙云军阀的三个旅调到毕节以北地区来，打乱蒋介石的战略部署，便于我红军在滇黔川辽阔的土地上，更好地实行战略上的声东击西，把主动权争取到我们手中来，随时都可以打击敌人，夺取中小城镇，更好地发扬红军高度的机动性和能动性。利用赤水河同敌人在军事上实行蛇卷行动，把敌人胖的拖瘦，瘦的拖死，粉碎敌人的围堵计划。

四、在艰苦的行动中，要特别注意党的民族政策，要有区别地对待汉族的恶霸地主和兄弟民族的奴隶主。在可能条件下，要组织兄弟民族革命武装力量，维护民族自决权。还要保护城市工商业，保证中、小学按时开课。

一月二十五日　晴

午在大庙参加全师连以上干部会，谭主任做了政治报告，说明我军应在黔滇川边创造苏区，联合一切可以联合的力量，组织抗日救国统一战线。红四方面军已靠近川西北，为了适应作战需要，充实战斗力，各部队要注意沿途扩大红军的工作。

一月二十六日　晴

午前，我在三团热烈欢迎红三师四百余人补充到三团各连。

这次,每连平均增添了七八十人,最高的达一百多人。这样,三团又有一千六百余人了。各连都打了土豪,准备红烧猪肉迎接新战友。三师连、排长原则上不动,团、营干部都集中做扩红工作。

一月二十八日　晴

我继续在三团了解补兵后连队的反映。师告:要同红四方面军南北呼应,继续北上。晨七时出发,途中遭敌机扫射,伤亡五人,经粟子坝到官店场宿营,行程九十里。贵州许多地名差不多,都叫这个场那个场,可是到现场一看,往往都是小山沟,什么场都没有,有的只有一两户人家,破烂不堪。

中央红军向贵州进军,是避强就弱的军事选择。贵州军阀王家烈的部队,平时一手拿步枪,一手拿烟枪,得空就抽鸦片,这样的部队基本无战斗力可言,在身经百战的红军战士面前一触即溃。而且王家烈作为地方军阀,并非蒋介石嫡系,也不愿在与红军的战斗中拼光自己的本钱,所以,红军在贵州基本没有遇到特别激烈的抵抗,并在遵义难得地享受了几天休整时间。

中共中央政治局也借此机会,在此地总结第五次反"围剿"以来军事指挥上的经验教训,讨论在黔北建立根据地的问题。萧锋当时作为团级军官,并不了解会议的全貌。从后来历史发展轨迹看,遵义会议成为党的历史上一个生死攸关的转折点。

七、八过赤水甩敌人

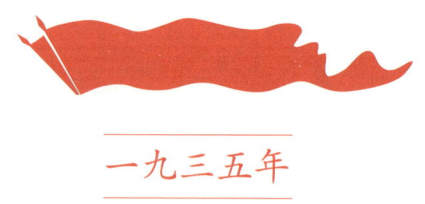

一九三五年

一月二十九日　晴

　　晨七时出发，经和场、吼滩坝，晚在习水场宿营，行程一百一十里。听说前面红三军团在土城同龙云军阀激战，我们都想快点赶上去参战。

一月三十日　晴

　　晨七时出发，到桥西宿营，行程一百一十里。
　　我和师卫生处长张杰等同志在中央纵队和红一军团后面做收容工作。按上级指示，为了轻装前进，部队将多余的枪支以及大炮、印刷机等笨重物品，都丢入赤水河。赤水河啊，赤水河！我们红军在中央苏区缴获的重机枪、大炮、印刷机和X光机，都暂时寄在你的河底，请你好生保管，到我们革命取得胜利那天，再来起货和道谢。

二月一日　阴雨

师政派我同吴富善跟三团打赤水县城。这次北行的目的,听说是争取在泸州附近抢渡长江,力争打下原山、江安,到川北同四方面军会合,战士们听了可高兴哪!师政宣传队在赤水河一带扩红十二名,都给一团。

我们于晨七时出发,经寨场到王河口宿营,行程九十里,都是石头路,实在难行。在寨场碰到从重庆逃回家的三个国民党士兵,有人说是侦探,要核实。

赤水河两岸工农都用背篓,一个人能背八九十斤。

二月三日　阴

晨七时出发,在赤水河东岸朝北行进,经湖沟场、大山、白鹤滩、养猪场到大金沙场镇宿营,行程百余里。沿途小石子路实在难走,三营六连的许多战士脚上都打起了泡。

大金沙场镇较大,有居民四百五十户。我们在那里打了三家土豪,缴了些盐巴,暂时解决了部队和老百姓的吃盐困难。

宣传队在大屋基扩红四名。

刘湘的川军在大金沙场抢粮、抓人,被我们打跑了。

二月四日　晴

上午九时出发,经白扬到达旺隆场宿营,行程九十里。四家土豪都跑了。这里距赤水城九十里,如能打下赤水城,消灭刘湘军阀一两个师,那就在川南打开了一个缺口,到川北就方便了。

二月五日　晴

师政首长要我带巡视员刘锦平等同志跟三团出发攻打赤水,沿途搞好宣传扩红工作,并给部队解决些经费。

晨七时由旺隆场出发,经大白田、马窝头、后漕到大坪子,遇敌机袭击,山高林多,战士、干部们隐蔽在山上休息。午后二时继续行军,经磨窑山、桐子坡到赤水河支流、地塘、桃竹岩一带宿营,行程六十里。沿途工农热心参军,各连扩红很多,这是好事。

二月六日　阴雨

上午八时出发,途遇敌机数架扫轰。部队营、连间隔距离大点,继续前进。经桃竹岩、莆家沟、相子园,看到地主家养了几只猴子,有钱人寻开心。到车冈场休息,这是个大镇。聂参谋长、李师长、黄政委到三团,交待今晚袭占赤水县的任务。

午后继续行军,三团一营为前卫,经复兴场、青龙嘴、尖兵到新草房,突然发现刘湘军阀部队,我先头部队展开战斗,抢占了碾子坝、校马湾高地。打了半天,把敌人打了下去,歼敌两个营,缴枪数百支,机枪数挺,迫击炮数门。不一会,敌人又疯狂反击,我方伤亡五十余人。师首长下令撤退,回复兴场大教堂处理伤员。审问俘虏得知,蒋介石纠集二十万大军,拼凑百余架飞机，妄想在赤水河、土城一带消灭红军。

二月七日　晴

早晨到新桥，第一次过赤水河，回师政，向谭主任汇报战斗及处理伤员情形。三团特派员袁纪录同志，福建人，重伤后安置在夹口山岩村。他不愿留下，最后抱住我的腿说："萧主任，你干脆把我打死吧！"战友啊！我们要行军，实在无法，只好含泪离别。

二月八日　雾

上午九时出发，经前后胡坨、大金滩，在土城第二次过赤水河，到桂花场宿营，行程九十里。上级指示，要各团把笨重的东西再次投入赤水河，轻装战斗。我们围着赤水河打转，用以迷惑敌人，隐蔽我军战略意图，同敌人打圈子。

在师政看到了党中央、中央军委昨天发布的《告全体红色战士书》，号召红军在运动中消灭敌人，为创造黔滇川边根据地而斗争。

《告全体红色战士书》主要内容是：为了有把握地求得胜利，我们必须寻找有利的时机与地区去消灭敌人。在不利条件下，我们应该杜绝那种冒险的没有胜利把握的战斗。因此，红军必须经常地转移作战地区，有时向东，有时向西，有时走大路，有时走小路，有时走老路，有时走新路，而唯一的目的是在有利条件下取得作战的胜利。

二月九日　晴、雾

晨七时出发，向西经向家寨、桃校坝、五丘田，从石坎子第三次渡赤水河，在观音岩休息。午后二时继续出发，经罗家沟、天池、熊凡、下河口到缩金宿营，行程九十里。

今天在三团，途中与龙云军阀遭遇，战后同师部失去联系，敌人从后面赶来，枪炮不停，连声喊杀，满天云雾，又没有地图，分不清东西南北。我三团找不到师主力，真危险！师首长早说过，万一同上级失去联系，就独立行动，举起革命旗帜，坚持苏维埃事业，等联络上后再北上抗日。

二月十日　晴

晨七时出发，经坪子头到新房子休息。我同师政宣传科长彭家伦等同志打了两家土豪，扩红八名。午后二时又继续出发，经马优、海吉到顺江场和二郎滩一带，第四次过赤水河，晚达顺风宿营，行程九十里。

敌人已经围堵上来，我们地形不熟悉，同敌人穿梭行动，幸而找上了师部。林参谋告，部队忽然向东行动。摸上级意图才知道，为了突破敌人的大包围，毛主席当机立断，决定暂缓执行北渡长江计划，改在黔滇川边实行机动作战，命令部队向云南扎西（今威信）地区集结，等各路敌军逼近时，红军突然向东进，甩开敌人。

二月十一日　阴雨

上午八时出发，经石坝、傅家湾、蛤蟆口，在田竹林大休息。我们去察看地形，发现周围已被龙云的滇军占领。天气很糟糕，满天大雾，我们接连打了几个山头，过了很多村子，但同师部又失去了联系。午后二时又出发，经板坡在芭蕉窝过赤水河支流，到大湾宿营，行程九十里。这是云南省扎西地区，一天跑两省，走得够累。

这一带尽是山岭和树木，看不清方向，地主武装到处喊捉喊杀，群众都跑光了。听说中央军委总部在扎西，九军团向南行动。我们在这里东转西转，把白军搞得很分散，使他们摸不着红军的方向，难以组织新的围堵计划。

二月十二日　阴

上午八时从大湾出发，经瓜果、扎子门往东走，到林口宿营，又回到了贵州省境，行程六十五里。

二月十三日　晴

上午八时从林口出发，经观文，在视园街第五次渡赤水河，到白河宿营，行程一百二十里。土城以南的赤水河，水很浅，随时可以过来过去。

这次同师部失去联系后,我们团领导研究决定,要求同志们团结起来,准备独立作战,什么时候和上级联系上,就什么时候归队。没有地图,我们听到哪里枪炮响,就往哪里靠拢。因为有打仗的地方,就有我们的部队。结果,敌人发现了我们,合拢过来,哇哇乱叫,我们坚决反击,战斗到天黑,因伤亡较大,只好撤下来。

这一带无水,把人渴坏了,我和几个同志在一个脏水坑里喝污水,为了解渴,也不觉得腥臭。团政委黑夜掉入深坑,我们把他拉起来,继续行军。

二月十四日 阴

部队东转西转找了三天,还没有和上级联系上,连枪炮声也听不见了,我们决心打着红旗前进。晨七时出发,向东南方向行动,经共场在尖芦场、茅台一带第六次过赤水河,到水口寺宿营,行程百余里。

二月十五日 阴

上午九时出发,十一点钟左右,终于在中枢镇(今仁怀市)发现了一团路标,大家高兴极了。经半天急行军,于午后三时找到红一团,和师部联系上了。他们说:"这几天敌人那么多,地形那么复杂,你们独立作战真不容易啊!"我们开玩笑说:"真是老天爷有眼,白军也奈何不了我们。"

二月十六日　雨

晨七时出发,我跟一团二营七连行军,经箭头坳、沙湾到吾子溪、高桥一带宿营,行程九十里。这地方是小盆地,很富饶,打了几家土豪。我们找到了土豪藏在地窖里的牛肉、腊肉,一部分分给了群众,一部分拿来供应部队。

二月二十日　阴

军团命令部队原地休息。中午,我在高桥参加全师营以上干部会。会议由谭主任主持,黄甦政委传达党中央一月在遵义开的

遵义会议旧址

政治局扩大会议精神，指出：自一九三一年以后，尤其是第五次反"围剿"以来，机会主义者认为敌人过于强大，"围剿"根本不能粉碎，在军事行动上是保守主义、拼命主义，折损了红军主力。最后又是逃跑主义，丢掉了中央苏区，来了个大搬家。遵义会议指出，我们虽然受到损失，但中国的工农革命还是在前进，我们的许多有利条件依然存在，敌人方面的矛盾与困难大大增加了，我们的困难，在全体同志努力之下，是可以克服的。

听完传达后，分组讨论了两天。广大干部对机会主义者错误指挥造成的损失很不满，有的气得直冒火。上级指出，主要是总结经验，不要过多责备个人。我们贯彻遵义会议精神，就是要在党中央、毛主席的领导下，高举苏维埃的红旗，克服困难，搞好创建黔滇川边苏区的工作，执行北上抗日方针。

二月二十二日　阴雨

黄甦政委根据两天来的讨论，解答了很多问题，并表示坚决拥护毛主席回到领导岗位上来，坚决拥护军委组成三人小组统率全军，渡过难关，走向胜利。大家听后精神振奋，纷纷表示要打回遵义去，消灭国民党反动派，为创建黔滇川边苏区而英勇战斗。

二月二十六日　阴雨

部队准备打回遵义去，师政首长要我同金行生同志跟一团行动,检查一下传达遵义会议精神后部队的反映,以及连队支部的活动情况。晨七时出发,经大园子、青岗坡、上溪沟到桐梓城宿营,行程九十里。这次回桐梓,精神面貌大不一样,抗日救国的目的更明确了。

薛岳纵队围追堵截,并企图在长江南岸消灭红军。敌人又在做梦。我们又转到贵州建立根据地,不过长江了。听说蒋介石在贵阳督战,我们的口号是:打到贵阳去,活捉蒋介石、王家烈!

二月二十八日　阴雨

部队在桐梓县备战,红二师已向遵义城开进,战士们情绪高昂。这一带的土豪都跑光了,工商业资本家照常营业,面粉公司照常生产。

同县苏维埃政府主席李长额同志交谈,这县有区苏维埃政府十五个,乡苏维埃政府四十二个,党支部已发展到二十一个,有党员一百二十五人,游击队数百人,主要干部都是红军留下来的。

三月一日　阴

晨七时出发,经娄山关等地到新桥宿营,行程七十里。小路行军,部队很拥挤,二团掉队二十四人,重病号转桐梓县苏维埃政府接管。红二师已抵遵义城北。军委命令我们军团要在国民党主力未到前抢占遵义城。

三月二日　阴

昨晚师政谭主任召开部务会议,传达总政关于瓦解敌军和对敌宣传的命令,大意是:瓦解白军,争取广大白军士兵,是现在最紧急的任务。各部队要立即动员自己部队中能写字的人,用木炭、毛笔,用大字、小字,在墙壁和门板上写上瓦解白军的标语。从连队到军团的军政干部,都要以身作则,自己动手,把瓦解白军的标语写满整个宿营地。

三月三日　晴

凌晨四时出发,经高坪、檬梓桥,行程七十里,赶到茅草铺,忽听西南方向枪声激烈,师政紧急通知准备战斗,集中主力,在遵义附近坚决粉碎薛、吴、王军阀新的围堵计划,巩固和发展遵义苏区。

午遭敌机轰炸,一团伤四名,三团伤六名,二团亡三名。战士们奋勇前进,经曹家院、杨柳院、严家院进到养鱼场。王家烈匪军已占领野猫洞、老虎洞、朝天洞一带高地,经过激战,我军已抢在薛、吴纵队前面,控制了遵义城。

三月四日　阴

师政首长要我负责战地后勤,协同遵义县苏维埃政府搞担架。这带群众热爱红军,积极帮助安置伤员。

师政首长说,军委决定全野战部队利用遵义有利地势,集中全力向薛、吴纵队和王家烈匪军发起猛攻。干部团在陈赓团长、宋任穷政委率领下,在城西南凤凰山一带,顶住薛、吴纵队进攻,争夺遵义西南高地。三军团也在红花岗一带侧击。午后敌攻势更猛。李聚奎师长、黄甦政委在全师战斗动员大会上说,这场战斗一定要打好,而且能打好,因为敌人都装入我们的大口袋了。我师准备在遵义东侧严家湾、沙子河一线投入左侧反击,协同红二师由左侧打到乌江桥,要打乱薛、吴纵队的指挥中心。这是遵义会议以来红军打的第一个好战役,我们信心都很足。担架队源源不断上前线,各级后勤保证工作较前好,战士、干部负伤后有保障,战斗格外勇敢。

三月五日　晴

午,师部在严家湾村外的一棵大树下召开团以上干部紧急会议,由师政谭主任传达一份机密电报,即毛主席、周副主席、朱总司令在鸭溪下达的遵义战役命令。其中指出:

我军有首先消灭萧、谢两师之任务。一军团及干部团为右纵队,于明六日拂晓取道花苗田向干长山、枫香坝之间攻击。其第一师,应绕至倒流水、李村地域,突击敌后尾。以红二师向青坑地域之敌侧击。干部团随红二师前进,受军团聂、左指挥。三军团为左纵队,以主力三个团经温水沟绕过温水大山西端,从倒流水、青坑、养马水向南向北攻击,以一个团扼守九龙山、白腊坎,正面吸引敌人东进,并以小部至太平场以南迷惑并钳制敌师。五军团为总预备队，进至白腊坎附近待命。

还规定通讯联络除用无线电随时报告战况外，再烧烟火：大胜利烧三堆，小胜利烧两堆，大相持或不利烧一堆。

谭主任传达完毕，要各团政治处将上述精神迅速传达到连队去，并要我同吴富善、金行生跟三团行动，协同工作。

我红一师午后二时从遵贵公路上投入战斗，昼夜不停，穷追猛打，不给敌人以喘息机会，坚决粉碎薛、吴主力的进攻，保证巩固遵义，争取时间整顿部队。

三月六日　晴

红一军团在公路东侧，分两路齐头并进，强行军迂回包围乌江桥。我红一师昨晚八时许从白河镇向西猛追到鸭溪镇，行程一百二十里。逃敌十分疲劳，我们冲上去，敌人乖乖地当了俘虏。接战报，知红二师夜间向乌江桥敌后迂回，打到薛、吴纵队指挥中心，搅乱了白匪指挥系统。敌人被俘虏后还蒙在鼓里。天还未亮，二师把乌江桥一堵，白匪连挤带跳，掉在河里，淹死不计其数。这一仗消灭敌人三千多，把薛、吴纵队三个先头师打垮了一半。

我同金行生、吴富善跟三团八连指战员们冲松子竹，只见沿途敌人七斜八歪地死睡着。三排谢排长灵机一动，吹哨集合，敌人蒙蒙眬眬爬起来，半死不活来集合。谢排长一手抓住敌连长，悄悄告诉他："你已当了俘虏，快命令部队缴枪！"结果，八十五个敌人乖乖地当了俘虏。

红军总部已移遵义城。我同王有才营长带七连继续前进,钻入白腊坎。这里是敌教导七旅二十一团,那些鸦片兵不吸鸦片走不动。他们都躺在那里舒舒服服地睡觉,有的还在吹牛,说红军离这里还远着呢!他们万万没有想到,不一会却成了红军的俘虏。这次,我七连俘敌七百多人,缴获了很多粮食、猪肉。天亮向贵阳方向派出警戒,部队分享胜利品。这仗我师共消灭敌人千余人,缴获了一辆汽车和一张1∶50000的地图。这地图有云、贵至天全、芦山的路线,真是个宝,我军早就盼望有这么张地图了。师部又给我团调来一位有文化的誊写员,名叫杨永松,很年轻,福建永定人。

三营营长王有才带来两百多俘虏兵。四连战士也很英勇,俘敌一百多人。郭庭柱报告:据初步统计,三团伤一百二十人,亡

红军在遵义对俘虏讲政策的宣传画(黄镇 作)

二十四人，俘敌七百余人，缴获枪支两百多，除老弱病残者外，可挑选两百多人补充部队。这带群众抓俘虏和缴枪也不少，由苏维埃政府自行处理。

继续行军到鸭溪镇，区苏维埃政府游击队来联系，把二十多名伤病员交给他们。这一带地方建立了好几个苏维埃政府，并设有小型医院，接收部队伤病员，干部、战士都很高兴。

穷人很愿当红军，没多久就扩红百余名。这里发展苏区很有希望。

三月七日　晴

晨，全师部队整装待发。接军团令：部队第三次回遵义。我们经牛庄桥进城，行程七十里。入城时，军委直属队等来欢迎，并搭了个凯旋门。晚回师政，住在东关野猫洞。

三月八日　雨

上午九时，方面军在遵义中学召集团以上干部开会。总政李富春代主任致开幕词。他说，我们党中央在遵义召开了政治局扩大会议，这个会议是中国革命的转折点。党中央在周恩来、朱德、王稼祥等同志的坚决支持下，确立了毛主席的领导地位，撤换了"左"倾路线的领导者。毛泽东同志挺身而出，在极端困难条件下，挽救了革命，挽救了党，挽救了红军。并提出在黔滇川边创建抗日反蒋苏维埃根据地。遵义战役是毛主席、周副主席、朱德总司令亲自指挥的，打败了王家烈军阀二十一个团，击垮了薛岳纵队先头部队两个整编师，共消灭敌人七千余，缴获枪千余支。在党中央、毛主席领导下，转入了黔、滇、川广大无垒区，开展了游击战、运动战，占领了以遵义为中心的南到乌江边、北靠赤水河的广大地区。

接着，三军团彭德怀和五军团董振堂军团长等首长也讲了话，大意是：遵义战斗的胜利，是我军在党中央和毛主席的领导下，发扬勇猛顽强的战斗作风所取得的。要把薛、吴纵队赶到贵阳城去，打得他长期翻不了身。我们红军是钢铁汉，红军的两条腿能跑过敌人的汽车轮。要继续发展苏区，在遵义附近广泛开展游击活动，以巩固遵义根据地，争取更大胜利。

大会在雄壮的《国际歌》声中结束。

晚上会了餐，我和两个警卫员跟罗荣桓、陈赓、邓小平、谭政、杨得志、林龙发等首长一桌，连端了两盆红烧猪肉，吃得真痛快！

谭主任要我同金行生跟三团行动。该团易秀湘总支书记有病，要我帮助三团政治处工作。我深入九连了解彭连长打人事。战士反映：彭连长脾气不好，一着急就骂人。检查后向林龙发政委汇报，决定由林政委找他谈话，进行批评教育，限期改正。彭连长知错，表示要改正，大家很欢迎。

三月九日　晴

晨七时出发，经香坝、白场沟到万寿场宿营，行程七十里。

红军又向西行动，看样子又要插到川南，打乱敌人部署，使我军可从宜宾附近渡长江到川北去。

师政召开部务会议，由秘书周胜南同志将遵义会议上通过的《关于反对敌人五次"围剿"的总结决议》原原本本地传达了一遍，大家认真地进行了学习讨论，一致认为这个总结决议很好，对机会主义的批判很深刻。

三月十日　晴

我随三团二连行动。一营刘兴隆营长生病，通讯员陈忠梅照顾很周到。

二连现有七十六人，其中党员十八人，团员二十人。我们边走边传达遵义会议精神，战士情绪较稳定，对转圈子可以理解了，东走西转是为了打好仗，消灭敌人。

三营扩红八名，这带穷人多，好扩红。当地群众周庭宾、杨锡庭给我们当向导，走了一天不愿回去了，谈话后，留在三团二连当战士。

九连三班长符辉球，江西人，十八岁，一路扩红二十一名，要大力表扬。三连班长雷伍平，福建人，二十一岁，一路扩红十八名，他用自己的苦难经历，说明参加红军的必要性，效果较好。

四连党支部在行军大休息时召开支委会，批评二排胡排长工作方式生硬，不能以理服人。经过思想斗争，他的工作方法有所改进。作为一个干部，越是在困难的时候，越要关心战士，有问题要多做政治思想工作，只能说服，不能强迫命令。

谭主任召开部务会议，传达总政发布的通知和布告。通知说：红军是有严格纪律的军队，不拿群众一点东西，借群众的东西要还，买卖按照市价，如发现侵犯群众利益的行为，可到政治部来控告。

布告的内容有：红军所到之处，绝对保护工人、贫民的利益，对工人，主张实行八小时工作制，增加工资；对农民，主张不交租，不纳税，不还债，没收地主土地，分配给农民；对于苗族等少数民族，主张民族自决，民族平等，与汉族工农享受同等待遇，反对汉族地主的压迫；对于白军士兵，欢迎他们带枪来当红军，参加工农革命；对于城市乡镇商人，其安分守己者，亦准于自由营业。

三月十一日　阴、大雾

上午八时出发，经石坝子到亮岩宿营，行程八十里。沿途打了几家土豪，将没收来的衣、被装备部队，浮财分给群众。扩红二十名。

我们沿赤水河南北交叉行动，敌人以为我们要渡长江。敌薛、吴纵队从贵阳往北追来，龙云军阀已调三个旅，在黔北阻击红军,企图在凉山消灭红军,那是做梦。

三月十二日　阴

晨出发,经清水铺到摩泥宿营,行程七十五里。这一带树木多,敌机发现不了我们。

二连邓连长脚跌伤,弄不好又要就地安置。我们一路行军、打仗、宣传、就地安置伤病员,都是撒革命的种子。扎西附近还成立了党的边界特委。

我们行军识字做得好,七连班长刘新文一天行军识字十二个,就是那个"打圈子"的"圈"字难写,我看先易后难总可学会。二排长说:"明天把认字牌换成'渡河'吧,每天都要渡河,把这两个字先学会。"

三月十六日　晴

晨出发,经河场,绕过扎西,达鲁测鸡宿营,行程八十里。鲁班场驻有龙云军阀一个旅,红一、二师于傍晚发起进攻,因敌人修起了工事,做了充分准备,激战三小时,未奏效,撤出战斗,伤亡八十余人。

谭主任要我们协助各团积极扩大红军,帮助扎西特委开展苏维埃运动,要枪给枪,既要拿出枪杆子,又要发展枪杆子。

三月十七日　时阴时晴

军团决定在这里休整几天，安置伤员，擦拭武器，扩红，打土豪，筹粮款，做点衣服。

敌机不断来侦察、扫射、轰炸，七连二人受伤，二排长崔米成同志牺牲，连队开追悼会，大家向烈士默哀致敬。

三月十八日　阴

军团告：军委指示，停止向西北行动，九军团向毕节行动，用以迷惑敌人，让蒋介石以为我军又要从宜宾过长江。王（家烈）、刘（湘）、龙（云）各军阀在遵义以西、扎西以东的长江南岸拼命做工事，组织新的围堵。军委指示：一军团在三月二十六日以前从草木、九庄间抢渡乌江，向贵阳前进，把川南的围堵敌军甩开。师政首长要我们巡视团随三团行动。我们从鄂家渡第八次过赤水河，由北到南，折转指向贵阳行动，到固亨、林口宿营，行程九十里。沿途看到三个区苏维埃政府的牌子，大家都很高兴。

三连扩红七名，担架队扩红九名，全团半月共扩红一百二十名，成绩很大。

我们向各连党、团支部传达了南下抢占乌江的决定。讨论时有人提起，去年冬渡乌江时，处分了两个怕死鬼。那两人明明会游泳，关键时刻却不愿当水手，结果都受到了纪律的制裁。为了革命，就要不怕牺牲。

三月十九日　阴、晴

云贵高原气候不好，时冷时热。我随三团一营做前卫。在通场到特务连了解情况，该连有一百零五人，其中党员四十五人，团员三十五人，是人数较多的一个连。电话班长谢古军说："毛主席就是站得高，看得远，如果不是毛主席英明指挥，我们这些人可能早在长江喂王八了。"警卫班长钟实辉说："一天走个百八十里路是小事，但转圈子受不了，一下东，一下西，像梭子似的，哪有个头？北上抗日什么时候到？"

晨出发，经安洛向乌江前进，行程一百二十里。在江口梯子岩驻王家烈一个营，有七八条船，江面水流较缓慢，南岸是悬崖陡壁。一营化装成王家烈部队，二连半夜出发，七十五人心雄胆壮奔向乌江。如化装巧渡不成，便转入强攻，一定要从九庄渡过乌江，打到贵阳去。

三月二十日　晴

据师通报，蒋介石亲到贵阳督战，敌人新的进攻又开始了。他们想以乌江为屏障，组织新的合围圈，企图消灭我军。昨天，红一团在以北河上，打垮王家烈两个团的侧击，消灭白军两个营，俘敌六百多人。

凌晨五时出发，跟三团一营急行军，经二十里铺、岩场到后坝场、鸡溪镇宿营，行程百余里。战士问："怎么老是走，究竟走到哪里去？"这说明我们政治动员工作做得不够深入。我们政治处要同连队一同走，边走边谈为什么要转圈子的道理，说明我们红军转一圈，走一步，白匪就要倾巢而出，要叫蒋介石乖乖地听我们毛主席的指挥。

三月二十二日　晴

我跟二营行动，经高溪场、沙土到浮水口、九庄渡口，行程百余里。我军巧装王家烈匪军渡江，从悬崖陡壁手抓藤条，攀登南岸，遇到守敌侧击，我军奋勇战斗，终于登岸，将吴奇伟纵队一个营和王家烈军阀两个营打垮。在这次战斗中，我团十二名同志负伤，五名同志英勇牺牲。

三月二十四日　晴

三团已巩固登陆场，掩护全师和中央纵队、三军团、五军团过江。二营进到黑城庙宿营，行程七十里。经过激战，将敌军侦察部队歼灭，俘敌五十六名，其余往息烽县逃跑。一营在熄窑村打土豪两家，没收活猪四头。三营的王有才率领九连最后归队，收容掉队战士二十名。宣传队沿途扩红四名，全营共扩红十七名。一、二团已向遵贵公路靠拢，打得蒋介石目瞪口呆，不知所措，前几天他还说红军要过长江，今日红军却打到贵阳门口来了。

★ 专家解读 ★

红军占领遵义后，蒋介石这才发现中央红军的行动方向已经改变，于是急令其嫡系部队及川、黔、湘、鄂、滇等地方部队数十万，从四面八方向遵义进逼。为跳出敌人的封锁线，中央红军在毛泽东的指挥下，在赤水河畔来回横渡，不仅将敌人耍得晕头转向，还使红军屡屡化险为夷，保持了机动，后人将之称作"四渡赤水"。

当时很多部队，包括萧锋所在的红三团，渡赤水河的次数不止四次，"四渡赤水"实际上是红军在此期间一系列军事行动的总概括。其精妙之处在于，每一次的渡河行动都不是事先计划好的，而是根据敌情的变化灵活机动地改变作战方向。所以，毛泽东后来说，"四渡赤水"是他的"得意之笔"。

八、佯攻贵阳逼昆明

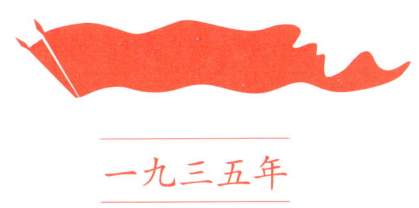

一九三五年

四月一日　晴

晨七时出发，经温泉，在养龙司南遇到薛、吴纵队，展开战斗，把敌两个多团打垮。晚，我部通过息烽县城郊，到曲阳一带露营，行程七十里。

我跟一团二营长陈正湘同志数年相处，关系很好。我到该营四连检查支部工作，两人交谈了很多情况。该营有二百七十五人，其中党员一百二十三人，团员一百零三人。老陈是一九二九年在我家乡泰和县起义当红军的，是老行伍，打仗很沉着，带兵比我有办法，要虚心向他学习。

四月二日　阴雨

经神仙村，沿遵贵公路行军五十里，击溃薛、吴纵队两个团，吓得敌人缩回息烽县，拼命垒工事。据俘虏供，驻息烽县的有薛、吴纵队萧师两个团。我们的目的是掩护，暂不打他们，今后总有一天要收拾他们的。

军团电告，要我们在息烽县包围薛、吴纵队，待全军团通过乌江后继续南征。

四月三日　晴

晨，几架敌机来轰炸，一营一连军事哨被炸，炸伤班长胡荣才和战士阎万铭。小胡是江西石城人，十九岁，打仗很勇敢。小阎是江西兴国人，二十岁，党员，特等射手。想把他们就地安置在群众家，但他们不愿意留下来，要跟大队走。当时，游击队长崔荣毅同志说，把他们送到遵义苏区去治疗和休息。大家认为这是个好办法。

午，敌两个团沿遵贵公路向北出击。我们给予坚决回击，以掩护我军主力通过息烽县。激战半天，击毙击伤敌人一百多。下午四时，敌退回息烽城。

师部在马江山指挥，二团已过公路，路北只有三团。扩红组扩红二十八名，其中三个雇农，二十二个贫农，三个中农。他们对这一带地方很熟悉，是很好的向导。据报告，敌人的一些散兵游勇，主要是前次从遵义败退下来的伤兵，大都在息烽县境沿途要饭吃。我们开展宣传，要他们参加红军，掉转枪口打白军。

四月四日　阴雨

军团告：全军团已过完乌江，毛主席、周副主席、朱总司令等中央首长进到马场。我们要围住敌人，让白军老实蹲在息烽县。敌人不出来，我们就抓紧时间休整、扩红、打土豪、备粮草。师宣传队扩红十三名，都送到三团当战士。

午，回马江山师政治部，晚上向谭主任汇报三团第二次渡乌江的战斗情况，宣传科长彭加伦和宣传队长钟交盘汇报一团在河上打王家烈军阀的情况。我们分析敌情：蒋介石蹲在贵阳进退两难，要打，怕打败仗；不打，又怕红军跑了。王家烈不是红军的对手，薛、吴纵队的萧、谢两个师已被红军打垮了一个半师，周浑元部队无法调来，两广军队也难调动。

四月五日　晴、阴

敌人蹲在息烽县没敢出来。我部队利用备战机会进行休整。我同吴富善到一团检查了解连队支部活动情况，晚经悬村达双流村一团部宿营，行程四十里。息烽县城三面已被我红一师一、二、三团包围，敌人进退两难，一出来捣乱，就被我军打得缩了回去。

晚，一团总支书记康志祥同志反映：全团十二个连队，有七个连战斗力较强，主要是连队干部团结，支部堡垒作用好。八连较差，得抽人帮助整顿，搞好支部建设，发挥战斗堡垒作用。

四月六日　晴

晨七时出发，经齐各场到马场宿营，行程九十里。越走越往东了，战士、干部们推测很多，大家高兴地说："看样也许经湖南回江西老根据地吧！"我回师部问谭主任，他说："具体我也不知道，有党中央、毛主席掌舵，我们放心走吧！"

我军离贵阳很近，红二师打下水田坝，敌人合围又失败了。罗炳辉同志指挥的红九军团，在毕节独立牵制了龙云军阀，使三个旅不敢乱动。

一团二营这几天扩红二十多人。

四月七日　阴雨

晨七时出发，经白沙井到鸡场宿营，行程九十里。红二师向贵阳进军，是打贵阳捉蒋介石吧！这倒是个好差使。我们红一师走后头，倒霉。怎么前头向南，不向东？我在瞎猜。走吧，党中央、毛主席怎么指挥，我们就怎么走，怎么打。

四月八日　阴

晨七时出发，经小马场到牛场宿营，行程七十里。谭主任要我同吴富善到二团了解连队活动情况，龙振文团长、邓华政委很欢迎。先到一营二连了解情况，该连有八十九人，其中党员二十五人，团员三十人。崔连长和罗政指团结得很好，他们战斗很勇敢，工作很细致，指战员的战斗情绪很高。

听说贺龙部队仍在湘西。有人问:"他们为什么不向我们靠拢?"李师长说:"他们在那里能拖住一部分敌人也好。我们部队只能相对集中,不能绝对集中。打大敌要集中,红军越多越好,但都集中,后勤供应很困难。"

四月九日　晴

晨七时出发,经龚断屯、道坪,过独水河到习水河、七么场一带宿营,行程九十里。我师在贵阳东面行动,二师已向贵阳城挺进,宣传队在沿途写了很多标语。

四月十日　阴

晨七时出发,经新巴、南明河、乌当到谷脚镇宿营,行程九十里。经过土溪坡,这里离贵阳只有十八里,红军把贵阳包围起来了。蒋介石派兵到处围追我们,现在我们送上门来了,他一点办法也没有。我们兴奋地唱着《国际歌》,向敌人示威。

这带土豪很多,上级指示我们要多做打土豪分浮财和扩红工作。多增加一个人,就多一份革命力量。这带兄弟民族很多,有苗族、壮族、侗族、布依族,等等。

四月十三日　晴

晨七时出发,经湾城墙、花溪、小碧,通过黔桂公路,到马场、湖潮宿营,行程百余里。一路上敌机真多,简直是给我们

"送行"。过小溪,看到贵阳城的烟囱。心想:直接打贵阳不更好?蒋介石还在贵阳市。二团龙振文团长说,贵阳有国民党四个师,硬打不行。绕道通过,我看把蒋介石吓得也不轻。你东包围西包围我们红军,今天在贵阳却被我们红军包围了。你们包围红军,红军就要转入外线包围你们,这是革命战争的客观规律。

四月十四日 晴

晨七时出发,经高坡场到羊场、云雾山宿营,行程九十里。现在又像是往东南走。战士们说:"围住贵州打圈子吧!"毛主席正在想办法指挥蒋介石,让他们东奔西拖,把国民党胖的拖瘦,瘦的拖死。据传,蒋介石四十万围堵军蒙头转向,红军今天打这里,明天又出现在那里。我军在遵义打败薛、吴和王家烈二十一个团,又歼灭兼程北进的薛、吴纵队一个半师,多带劲啊!

我部再次传达遵义会议精神,部队情绪很高。红军一切的走都是为了打,只有这样,才能打出无产阶级的江山。当然,条件不成熟,不可乱打,广昌、全州决战,条件不成熟,乱打硬拼,损失就大。

四月十五日 晴

晨七时出发,经摆金,过涟江到大河坝宿营,行程八十里。

六连五班战士冰新湘说:"毛主席的胸中不知有多少妙计,说不定明天往北走,反正叫我们到哪就到哪,革命大家庭温暖,集体活动有劲头。"

红二团在贵阳附近扩红八十多人。有两个雇工被薛、吴匪军捉去带路，打了个半死，逃出来当红军。还有十四个贫农，联合起来杀死地主恶霸后，自动跑来当红军。我们做政治工作的，要狠揭蒋介石的罪行。在街上，红军写了许多标语，其中有：白军官兵们，不要打抗日的工农红军，掉转枪口，打死压迫士兵的白军长官！

四月十六日　阴雨

上午八时出发，师政要我带领宣传队沿途做扩红工作，热烈欢迎工农兄弟参军。宣传员蓝文兆、邓经伟、孔瑞云等同志辛勤工作，一天扩红三十四名，都送到一团当战士。

部队沿黔桂公路南行，到断杉宿营，行程九十里。走了一天马路，两侧都是丘陵树丛，便于防空，离敌人较远，敌机也不多。红军走马路，现在没有汽车，将来肯定会有很多汽车的。

四月十七日　晴

上午九时出发，过涟江，经代化，翻过几座山，再过格凸河，到羊场宿营，行程九十里。二团从通州城穿过，消灭和俘虏敌保安团三百多人，其中好多都是"双枪兵"，有些十几岁的孩子就吃鸦片烟了，国民党反动派真坑害人。

四月十八日　阴雨

晨出发，经周覃、九阡到荔波场宿营，行程七十里。沿途看到群众正在插秧，比江西早多了。我们宣传队在田头边劳动边向他们宣传，动员他们参军。结果，有些青年人掷下手里的秧，扛起枪参加了红军。这次宣传队共扩红十二名。

四月十九日　晴

晨七时出发，经朝阳、拉欧到石头林宿营，行程七十里。这是黔桂公路南段。师部已从白层过北盘江。我们现在又往南走，大概打到南宁去，到红七军的老家左右江去吧！一、三、五军团向西南前进，九军团向北佯攻，愚蠢的敌人不知道我们究竟往哪去。

我同刘锦平跟二团行动，途中见到邓华政委，我向他了解二营情况，然后找五连连长邱有林、政指耿文里等同志细谈。该连有七十五人，其中党员二十五人，团员二十七人，虽有三人掉队，但又扩红五人。大家一心要打倒蒋介石，为建立新苏区创造条件。我们红军好比测绘员，一路描绘着祖国江山将来的新面貌。沿途向群众宣传打土豪分田地，更广泛地建立苏维埃各级政府和游击队。

四月二十日　晴

晨七时出发，向安龙方向前进。师政首长要我同吴富善跟三团行动,他们今日打安龙。这一带很穷,守敌是保安团。果然,我们红军前卫部队一到,保安团望风而逃。我跟三团林龙发政委在城郊杞坡山看到一个水势不小的内湖。部队进城后打了几家土豪,把浮财分给各兄弟民族的穷人。我们注意执行民族政策,不没收工商业者和苗族土豪的财产。

在安龙没有停留多久,我们又接着行军,进入广西北部边境,晚达者保宿营,行程九十里。

二团扩红二十五名。青年程顺惜,参加过十九路军抗日,后失败回家务农。这次听说我们打日本,决心来参加红军。

中午,在邓华政委处吃冷饭。接师令,部队停止南下,向西往云南前进。我们猜想是毛主席、周副主席、朱总司令看准了新的棋子,让蒋、龙军阀捉摸不定。

四月二十一日　晴

晨七时出发,经那地,过南盘江,经罗悃到白花宿营,行程九十里,快到右江地区了。现在看来,回江西苏区已不可能。反正到哪都一样,只要是抗日救国,发展苏维埃,再苦再累也心甘。

四月二十二日　阴雨

上午九时出发,经马叶、猴场,已到贵州南部,在火烘、六马一带宿营,行程八十里。这里还是贵州地方,从黔北到黔南,走了许多地方，把王家烈、侯之担匪军吓得无处藏身。靖卫团闻风就跑，穷人奔向红军，这是革命的大好形势。

四月二十三日　阴雨

晨七时出发，经板桥、过北盘江河到牛场、者相宿营，行程九十里。吴富善同志发疟疾，刘锦平找了副担架抬回来，谢天谢地，半夜就好了。三团在宽坪同王家烈两个团遭遇，我红军英勇作战，将王家烈军击溃，消灭两百多人。敌人连个小镇也把守不住，碰到红军来了没命地跑。我军继续前进，赶走了保安团。这次打仗，缴的枪支很新，子弹都是炸子，打伤了难好。

四月二十四日　晴

晨七时出发，经坝场、狮子坟到高武宿营，行程九十里。红二师自打开盘江、兴仁、罗平后向昆明进军。我一师西折行军就落后了，跟在人家屁股后面走，老想赶到前边打仗。各团最近共扩红四百多人。七连在公路上又缴获了一张敌人从昆明运往薛、吴纵队的1∶50000的地图，高兴极了！

听说九军团独立行动，不仅打了胜仗，还筹集了许多款子。他们也数渡赤水，向凉山进军，把龙云军阀吸引到凉山，掉转头又向昆明进军。

四月二十五日　晴

晨七时出发，经雨樟，过马别河后大休息，行至保田镇宿营。看到我军先头部队写的标语：要拖死中央军，打败滇军，脚踏黔军。

师首长派我和刘锦平同志到三团去参加他们袭占曲靖，并协助地方开辟滇东苏维埃根据地。

四月二十六日　晴

晨七时出发，我随三团政治处行动，经富村，先渡黄泥河，又过块泽河，到三湾底宿营，行程九十里。在崔田村，宣传队遇敌机扫射，宣传员小谢受伤，仍坚持走，要为打曲靖贡献力量。沿途扩红三十多人，其中五连通讯员关巨福一人就扩红四名。云南工农很穷，愿当兵的更多。

云南榨菜出名，好多土豪强迫穷人给他们做榨菜，出口换钱。打土豪后，连队用榨菜做汤，带饭当菜。

龙云军阀三个旅有战斗力，都是外国的装备，但他们被我红军调遣，远调给蒋介石"保驾"。我们现在进逼昆明，弄得龙云着急万分。当地有个老人说："你们能把龙云主力牵走，可不简单。"

四月二十七日　晴

晨七时出发，在墨红打土豪，看到有名的云南特产宣威火腿，还有锅巴糖。这种糖吃起来很甜，可当干粮，但吃多了会泻肚子。

这一带较富饶，又是当年蔡锷反袁起义的根据地之一，工农踊跃当红军。八连放排哨，两天扩红四名。

继续前进，经威青圩、新村到田冲宿营，行程一百二十里。这里离曲靖城只有三十里了，据说曲靖是个小平川上的繁华城镇。有人说，打下曲靖可发财了。红军不论到什么地方，都必须遵守"三大纪律八项注意"，更不能侵犯工农的利益。

四月二十八日　晴

我跟三团经稻堆山、三家村、中所来到曲靖城外。团部驻在柳树村。两个营占领东、南、北三关，将敌反击回曲靖城。侦察排进驻飞机场。午后三时，一架敌机想降落，飞得极低，侦察排立即做好准备，想等它一降落就缴获，可敌机发现红军已占领机场，在空中转了几圈就跑了，真可惜。

晚，三团攻城，因为敌多，攻了半夜未攻下。李师长、黄政委决定不要硬攻。于是，部队撤了下来。

四月二十九日　晴

接上级指示：曲靖由九军团接防，一军团迅速前进。下午七时出发，向金沙江猛进。经三官庙、冷家屯、鸡头村、吴官田，过龙潭河到王家庄宿营，行程九十里。红二师占领嵩明城。我们要跑在敌人前头，抢占皎平渡、飞渡金沙江，真想长上飞毛腿。

这时才明白，毛主席要我们在赤水河打圈子，就是要把龙云的三个旅调到扎西、凉山、黔北，好为红军安全北上创造条件。

听说蒋介石飞到昆明，大骂他的将官没有用，今天撤这个人的职，明天又撤那个人的职。我们说，最好还是先撤你蒋介石的职！

四月三十日　晴

我军绕道，大白天从南线十八里站，北村河底，大摇大摆地通过昆明市郊到苏市南宿营，行程八十里。十八里站在大河高地，向南可看到昆明的烟囱冒烟，机场飞机在发动，国民党手忙脚乱。蒋介石天天要找红军，今天我们送上门去，他调兵未回，有何办法？只好跟在后面给我们红军送行！

通过滇缅公路时，碰上敌机丢炸弹，差点把我炸死。炸我不死，我就要打你。听说二师已巧占武定，又打下元谋城。

五月一日　晴

晨七时出发，同金行生一道跟二团三营行军，经九河、张家村，过螳螂河、白花山、罗茨，最后到元永井宿营，行程九十里。

一连在大段休息时，七班战士打坏群众四个土碗，胡政指赔偿两角钱。很多群众感动地说："红军好老总，你打坏个碗还赔钱，国民党打坏一千个也不赔钱。"

这里离昆明仍较近，敌机沿途轰炸很厉害，我今天中途在白花山又几乎被炸死。

在苦战中庆祝"五一"国际劳动节。正好我们威逼昆明，吓坏了蒋介石、龙云，打乱了敌人的战略部署。敌人买来很多英国子弹，都是炸子，打伤一处，要伤好大一个洞。我们讨厌这种英国子弹，痛恨军阀和帝国主义！

五月二日　晴

晨七时出发，经坝街过龙川河，再过果拉、黑井、猫街、马厂到新街宿营，行程九十里。各团扩红很多，昨天由昆明逃出四名蒋军士兵，其中三个人志愿参加红军，受到我们的欢迎。

我跟二团政委邓华行军，谈到如何抓好七连支部工作的问题。该连连长和政指团结较好，有希望把支部工作做好。

★ 专家解读 ★

红军在赤水河畔的行动给蒋介石造成了错觉，以为可以在这一带将红军全部"剿灭"，于是他亲自飞到贵阳督战。不料红军真正的目的地是云南昆明，但蒋介石此时已将各地主力及云南军阀龙云的主力部队调往贵阳，所以红军主力几乎没费什么劲就到达昆明城外。

由此可以看出，当毛泽东开始指挥红军后，红军一直保持了高度的机动性，仅靠两条腿就把敌人耍得团团转。红军战士越打越有信心，越来越多的穷苦百姓加入到红军队伍中。

九、巧渡金沙江,通过彝民区

一九三五年

五月三日 阴、雾

晨七时出发,到长簧宿营,行程一百二十里。沿途利用宣传棚积极宣传:"天下穷人是一家,只有团结才有力量!""红军是共产党、毛主席领导的工农队伍,打土豪分田地,官兵平等,军民亲如兄弟。"

我师一团已占姚安,二团过七街、六苴、宜就、中和,到永兴渡口露营。传三军团在洪门渡江,九军团在巧家缴获十万斤盐和许多宣威火腿,分给群众。

师部总结月余来滇黔行动。这个大圈子转得可妙,把薛、吴、龙、王等军阀都甩在后面。大家都说,毛主席、周副主席、朱总司令的棋子下得好。起初,有人对东奔西转、南下北上有意见。现在,大家都更明白了,转是为了甩开敌人,保存红军实力。我们青年人转来转去无所谓,主要是年老体弱的同志们辛苦。大家为了革命，再苦也无所畏惧。

这里产甘蔗，糖饼很多，老百姓拿来当菜吃。打土豪后，举行会餐，吃火腿、腊肉，大家吃得很香。

五月四日　大雾

晨七时出发，经墓古到龙街渡宿营，行程九十里。对岸是川军，不时向我南岸打枪。金沙江河床宽，水流急，大浪咆哮，架桥很困难，又无船只，大家很焦急。

军团告：准备在永兴、湾碧间强渡。关键是船，准备找船，做木排子，挑水手，定要渡过去。

五月五日　晴

午找李师长、黄政委询问过河情况，心里挺急。敌人仍在对岸打枪，我们一只船也没有。谭主任说，一团参加强渡。部队极疲劳，但想到前有金沙江，后有蒋介石，四处悬崖陡壁，穷山恶水，往哪里转？

一定要渡过金沙江去，这是关系到红军生存，关系到苏维埃运动的命运，关系到北上抗日的大事。毛主席、周副主席、朱总司令很关切渡河的事。这是关键时刻，四个军团都在想法渡江。据讲，干部团已在皎平渡巧渡成功。

五月六日　晴

军团告：刘伯承总参谋长带军直干部团侦察连、二营副营长崔海元、五连连长萧应棠等乔装国民党兵，抢占姜驿镇渡口，夺了十五只船。五月一日晚，在皎平渡把全团人马渡了过去。

又接周副主席、刘总长电令：一军团赶紧沿河东南转皎平渡，从三军团后渡江，五军团担任掩护。我们这里确实难以过江，遵照军委电令，兼程前进，寻找机会按时渡过江去。

晨七时出发，经长河口到拉培村宿营，行程八十里。路实在难走，敌机又在不时地扫射，一天工夫才走几十里。因为急行军，战士们走得斜头歪脑，牲口丢了一半。在危急关头，要做好政治解释工作，哪里方便就从哪里渡。二团占领万德镇，师直属队跟在一团后，经小米支、甲里、放山果、父油照，在坪地消灭敌保安团一个连，大家挤在坪地上露营。

五月七日　晴

晨七时出发，一团为前卫，起程经到尘河、五曲沟、热水塘、羊进德、以鸡嘎到老力新村休息时，听到东北方向有炮声，也许敌人追兵到，让他们捡我们的烂草鞋去吧！我们赶到下龙门、三家村宿营，因路难走，行程七十里。师直属队打九家土豪，二团消灭保安团四百多人。这一带是山区，木材多，煤、铁多，但工农很穷，这是土豪劣绅残酷剥削的结果。

五月八日 晴

晨出发，经鲁村、沙田、昌莫、木落寨古渡到河口宿营，行程六十里。师告：按一团、师直属队、二团、三团顺序行军渡江。东面炮声仍很激烈，敌机不断捣乱。谭主任要我负责全师收容工作。

我带收容队准备过江时，看到刘伯承总参谋长坐在南岸江边，催部队快过，并指挥两岸架起水机关枪对付敌机，来了就打。白天过江，炸弹落不到船中间就是胜利。能多过一船战士，就多一份力量。这次渡江十分艰苦，收容队忙得很。

据方面军总部参谋讲，毛主席是五月三日傍晚过江的，他和周副主席、朱总司令、刘总长亲自研究全军渡江的问题，在江边的几个破石洞里住宿和工作。直到全军快过江完毕，他们才赶到前面去，刘总长留下指挥最后一批同志过江。

红军渡金沙江时，毛泽东、周恩来、刘伯承住过的石洞，并在此指挥过红军渡江

五月九日　晴

我们收容队带着全师掉队的百余人，昨天半夜从老马田摸黑夜渡安宁河，幸河床窄，二十分钟就渡过了。今上午九时出发，经中武山、大店子、小水井、老村沟、通安镇、长官街、吉区、黎溪城到羊地屯、风宿村宿营，行程七十里。中央军委在长官街。三军团走在前面，正在攻打会理城。前面部队走过，什么东西都吃光了，粮食很困难。我们饿点没有关系，无论如何要保证毛主席、周副主席、朱总司令和刘总长等首长的食物，他们的健康，是我们胜利的保证。

五月十日　晴

午后四时出发，经会理东之寨河村，到易门宿营，行程九十里。在皎平渡帮助我军渡江的三十六名船夫，经过九天九夜的紧张工作，终于把全部红军渡过了江。刘总参谋长决定，发给他们每人每天五块现洋，还杀猪宰羊，请他们吃饭。最后，又重奖给每人三十块现洋。船夫们看到红军那么好，很多人都要求跟着红军北上抗日。

五月十一日　晴

晨出发，经摩溪营、定旧街到太平场、益门一带宿营，行程七十里。军委纵队在会理北丙谷，我们一军团直属队在益门驻扎。

听说三军团宣传部长黄镇同志编了活报剧《一只破草鞋》，讽刺蒋介石数十万人马追不上红军，捡到的只是红军丢掉的破草鞋。毛主席指挥得这么巧妙，在历史上是没有的，红军真是天兵天将。

五月十二日　晴

晨出发，经铁匠房、永定营、芭洞到德昌城宿营，行程七十里。德昌城不错，煤很多，它是红二师占领的。部队在这里休息两天。城内货物较多，三角钱买只母鸡。红军买卖公平，群众非常欢迎。

德昌县苏维埃政府成立了。各连突击队继续扩红，很多穷苦娃子都愿意当红军。

听说会理敌人有四个团，工事很坚固，彭德怀军团长率领三军团在会理奋勇进攻，敌人凭着工事顽抗，我军有七十多名同志伤亡，攻击未奏效。

谭主任传达上级首长总结我军在黔、滇、川的英雄行动：

遵义会议后，红一方面军在党中央、毛主席的领导下，摆脱了机会主义路线统治时期的被动局面，实行机动灵活的运动战方针，迂回穿插于敌人重兵之间，巧妙地调动和打击敌人，进行了著名的"四渡赤水"战役（我们三团共过了八次赤水河），接着南渡乌江，威逼贵阳，西进云南，胜利渡过金沙江，跳出了数十万敌军围追堵截的圈子，粉碎了蒋介石妄图围歼红军于黔滇川边境的反革命计划。

五月十四日 晴

昨晚师政在德昌县城召开部务会议，传达中央政治局会理会议精神。在会理会议上，中央分析了过金沙江后的新形势，认为在这个时候跟敌人硬顶不行，绕点圈子多走点路，是必要的。会议强调了要团结一致，克服困难，顽强战斗，继续北上抗日。要绕道到川西同红四方面军会师。

今晨出发，继续北行，经麻粟寨、黄连关到王家营、河西宿营，行程七十里。沿途群众欢迎红军，扩红三十多人。

蒋介石还在派兵追我们。五军团十五师参谋长胡训带领十四、十五、十七团在灌阳、新圩抗击追兵。我看到十五团政委钟赤兵、参谋长何德全、十七团团长李屏仁。一路上，五、九军团都是担任阻击掩护任务，吃尽了苦头。我们要向兄弟军团学习，提高军事技术，培养对空特等射手，用机枪对付敌军飞机。

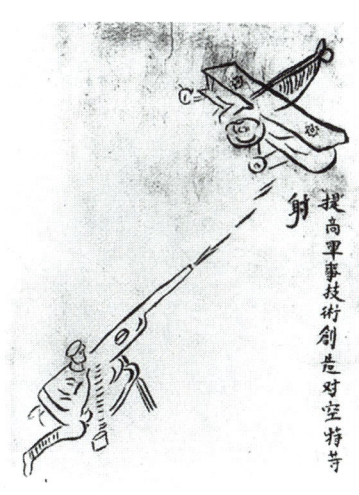

红军在四川会理南阁画的宣传画

五月十五日 阴

晨出发,经马安山、尧安桥到西昌城宿营,行程七十里。准备过彝族区,我们的政策是:同彝族兄弟团结抗日。

战士们不断问:"又往北走,走到哪里去?"军事机密不好讲,只说"到四川去"。有人说:"我们经过长期战斗,骡马死了一半,很困难。这里敌人不多,生活也不错,可以多住一个时期。"在困难的时候,共产党员只能绝对服从党的领导,党中央、毛主席指到哪里,我们就战斗到哪里。

五月十九日 晴

晨出发,经礼洲、沙坝到泸沽宿营,行程八十里。走过小相岭,在群山中钻出来,同吴富善等同志一起打土豪,吃了餐炒辣

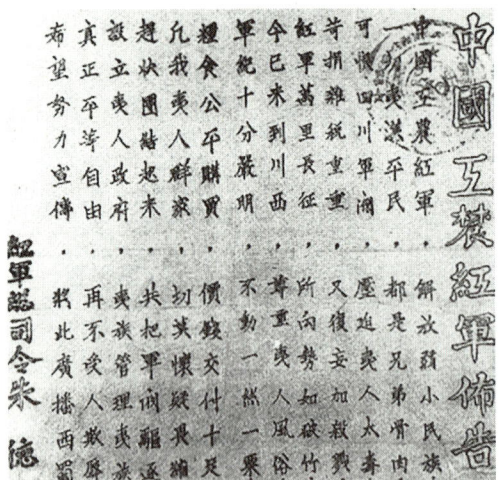

朱德发布的《中国工农红军布告》

子鸡，大家说真过瘾。红一师组织科长陈雄拿着朱总司令发布的《中国工农红军布告》，念给大家听。这个布告六个字一句，写得很顺口：

中国工农红军，解放弱小民族。
一切彝汉平民，都是兄弟骨肉。
可恨四川军阀，压迫彝人太毒。
苛捐杂税重重，又复妄加杀戮。
红军万里长征，所向势如破竹。
今已来到川西，尊重彝人风俗。
军纪十分严明，不动一丝一粟。
粮食公平购买，价钱交付十足。
凡我彝人群众，切莫怀疑畏缩。
赶快团结起来，共把军阀驱逐。
设立彝人政府，彝族管理彝族。
真正平等自由，再不受人欺辱。
希望努力宣传，将此广播西蜀。

五月二十二日　阴

晨出发，经马房沟到冕宁县城宿营，行程九十里。听到红军的消息，国民党县官、民团和土豪劣绅早逃走了。这里的彝族和汉族人民在地下党组织的领导下，热情迎接红军。红军打开监狱，放出了受苦刑的彝、汉人民。那些蓬头赤脚、披麻布毡的彝人，见了红军还下跪表示欢迎,我们扶起他们。红军保护商店做生意。街上家家户户挂灯结彩,贴满红绿标语,欢迎红军。许多人都说红军好,要求当兵。有个卖油条的小贩,十九岁,名叫姜振华,也参加了红军。

五月二十三日　阴

晨七时出发,经大桥到拖乌车厂宿营,行程八十里,进入大凉山地区了。看到好些战友的遗体,说是被凉山彝族中的反动武装杀害的。

总参谋长刘伯承和军团聂荣臻政委、罗瑞卿局长、萧华部长等直接率领先遣部队,经大桥镇、俄瓦拉口、余家海子到达喇嘛房,进入了彝族区。红军坚决执行党中央的民族政策,到处张贴和宣传朱德总司令发布的《中国工农红军布告》。

彝海结盟纪念碑（田竞 供图）

听说彝族沽鸡（即果基）家首领小叶丹亲眼看到红军的行动，很受感动，便派人和红军联系。小叶丹要和刘总长结拜盟兄，刘总长答应了，形式挺有趣，地上摆两碗清水，小叶丹捉只公鸡，割下鸡头，滴血到碗里，然后一人一碗，边喝边宣誓。宣誓结盟后，小叶丹就带着果基家的彝民高喊："盟兄团结，抗日救国"，并下令各寨让路，出寨欢迎，送粮备草，带路参军。他们还在红军的帮助下，组织了"中国彝民红军沽鸡（果基）支队"。刘总长送给他们二百支步枪，一千块银元和一面红旗。

刘总长等率领先遣队过大凉山彝族区，经过孔明寨，听说那是三国时诸葛亮"七擒孟获"时驻扎蜀军的兵营。今天我们红军不擒不捉，用毛主席的政策团结了少数民族。

★ 专家解读 ★

红军调动云南部队北上，目的不是要攻打昆明，而是渡过金沙江到四川去。当几十万敌人追到金沙江边时，红军已经到达川南的会理地区了。蒋介石不甘失败，他认为红军不敢从彝族区通过，于是重新集结部队，打算在大渡河畔堵截红军。

彝族长期遭受国民政府和地方军阀压榨，生活贫困，对汉族不信任，不准汉人的军队进入他们的地区。红军总参谋长刘伯承与彝族部落首领小叶丹歃血为盟，结拜为兄弟。在小叶丹的协助下，红军不但顺利通过了彝族区，还成立了"中国彝民红军沽鸡（果基）支队"。这一行动不仅打乱了蒋介石的计划，也为红军突破天险大渡河争取了宝贵的时间。

十、强渡大渡河,抢夺泸定桥

一九三五年

五月二十四日　晴

师政首长分配我同吴富善、金行生跟一团抢渡大渡河,任务很光荣。

晨七时出发,经草坪、李子坪,过大山东堡子、窝挡头、大落沟、海洋会、山峭、新汤、下坝到安顺场、老街子,一日兼程一百二十里。昨天十六个钟头跑了一百四十多里,我跟谭主任进到松树林观察,对岸是月亮头,看到河宽水急,没有渡船很着急。

听说大渡河是太平天国将领石达开全军覆没的地方,这一带的许多坟地,就是太平军将士的坟墓。石达开离开洪秀全独立行动,转战到浙江、福建、江西、湖南、广西、贵州、云南、四川等地,到了大渡河,被清兵堵截追剿,在大渡河失败。传说当时一部分部队已过河,因王妃生王子,要大大庆祝一番,又把渡河的兵力抽回来，以致对岸被清兵抢占，弄得进退失据，终于全军覆没。现在，蒋介石吹牛说，共军前有金沙江，后有大渡河，还有薛、周、吴、二刘（刘湘、刘文辉）几十万大军追堵，插翅也难飞过，只有做"石达开第二"。

军阀们不要高兴得太早！我们红一团一千七百个英雄指战员，有信心打过河东去，会合红四方面军。

经过两天的准备，全师集中机枪百余挺，迫击炮二十余门，统归一团指挥。

五月二十五日　阴

强渡大渡河的任务，是毛主席亲自布置的，由先遣支队司令刘伯承、政委聂荣臻直接指挥。一团杨得志、黎林同志紧张准备，杨团长带一营夺占安顺场，由二连化装成"中央军"从东堡子疾进新民街渡口。渡口有民团和川军两个连防守，对岸有敌人一个营，上游泸定、冷碛有敌人三个团，下游石棉有敌人两个团。那些民团还以为红二连真的是"中央军"，连忙招待吸烟喝茶。二连突然命令他们缴枪，敌人愣了，他们万没想到，昨天红军还在很远的冕宁县，今晨便像天兵般降临新民街，歼川军两个连，俘虏了敌连长，缴获了他们一只摆渡船。

刘司令、聂政委由李师长、黄政委、谭主任等陪同来到新民街渡口，只见江水咆哮，枪声激烈，对岸川军不时地向我射击，企图打烂这只船。二连连长熊尚林立即招呼战士们把船藏起来，这船是我们渡大渡河的宝贝呀!

五月二十六日　阴

我军又在新民街找到两只木船,还在周围山沟里找到十几个船工。杨团长布置好火力,决心强渡。师首长把轻重机枪、迫击炮都调来了,分段占领阵地,区分射击任务。杨团长叫孙继先营长组织奋勇队,战士们都要求参加。最后,从二连挑选出十六名勇士,他们是:连长熊尚林、二排长曾令明、三班长刘长发、副班长张克表、四班长郭世苍、副班长张成球、战士张桂成、萧汉尧、王华亭、廖洪山、赖秋发、曾光吉、萧桂兰、宋祥云、谢良明、丁流明。最后,二连通讯员陈万清冲出来哭着要随熊连长参

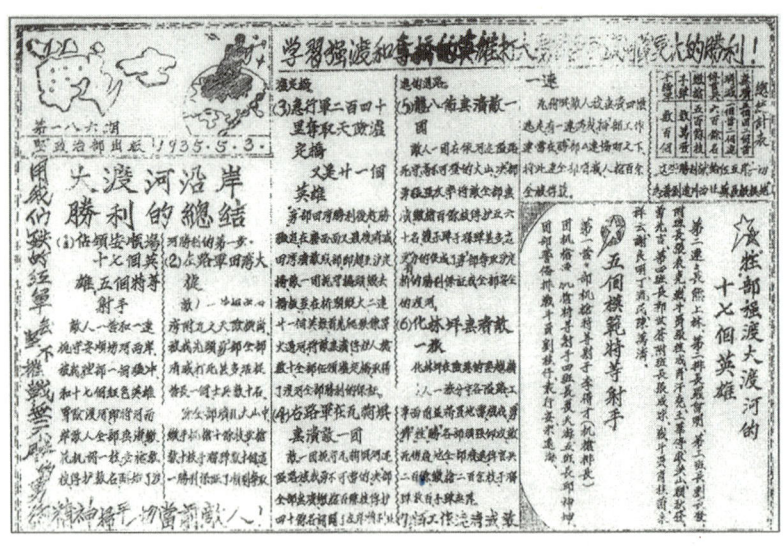

《战士报》报道强渡大渡河胜利的消息和十七位英雄名单

加这个关键战斗,孙营长感动批准。十七勇士排好队,杨、黎首长亲交任务,鼓励他们打过去,为中国革命立新功。

午后两点钟,一切准备就绪,杨、黎一声令下:"开火!下船!"这时,我军阵地上所有轻重机枪、迫击炮、平射炮一齐响了起来。对岸敌人也疯狂地向我渡船射击。神炮手赵章成同志不慌不忙,将炮瞄准好,"通!通!"两下,准确地命中目标,敌碉堡飞上了天。这时,萧华同志拿过司

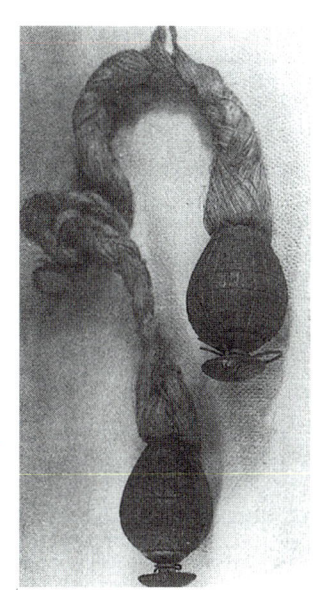

红军强渡大渡河时使用的麻绳手榴弹

号员手里的军号,亲自吹起冲锋号,渡船向对岸疾驶。不一会,十七勇士在东岸胜利登陆,用冲锋枪、手榴弹把冲出来的敌人打垮,消灭川军守敌一个营,占领了渡口阵地。接着,接连缴了敌人七只渡船,分批迅速地将全团战士渡过去。

下午七时,师首长命令三团为前卫,沿大渡河东岸,疾速向泸定前进。因为安顺场水流太急,不能架桥,渡船又少,敌人在夹击合围,全军不能等在这里慢慢渡河,必须协同西岸红二师四团夺下泸定桥,保证党中央、毛主席和周副主席、朱总司令率领大军胜利渡过大渡河。

师首长要我回三团兼任总支书记。

五月二十七日　阴雨

　　昨天半夜，我随三团团长黄永胜、政委林龙发从新民街渡过大渡河，从月亮头登岸，摸夜又从胡大坪翻过拘崇山，到林花坪、富米庄，打垮了敌人一个增援的江防团。我们稍事休息后，吃了点稀饭，继续向泸定桥前进。西岸，红二师四团在行军。走到晚间，两岸的部队都点起了灯笼、火把，好像两条火龙向泸定桥疾进。我们边走边用战斗口号鼓舞大家的士气：足可疾，身可劳，衣服可烧，头颅可掉，什么不要，只要泸定桥！

五月二十八日　晴

　　我们在江边小镇和铁丝沟最高的山头及隘口与川军遭遇，我和刘兴隆营长命令部队前卫负责冲垮敌人，冲锋号一吹，排子枪一放，手榴弹一甩，拼杀声一喊，川军吓得屁滚尿流，撒腿就逃。

五月二十九日　阴雨

　　午后两三点钟，我们先头部队赶到离泸定桥只有两公里的安乐镇，全歼守敌一个营，泸定桥守敌万万没有想到我们红军来得那么神速。他们正在手忙脚乱地准备放火烧桥板，还没来得及点燃导火索，我们三团侦察排已猛扑到敌人跟前，厉声高喊："缴枪不杀！"敌人听到喊声，一下子吓呆了。东岸铁索桥上已有几十米木板被烧坏，红四团二连几十名战士不怕身衣火烧，冒火前进，将守敌击溃，在东桥头同红三团胜利会师。

夺下泸定桥后，在桥东头大树下茅草街边，我碰到了四团特派员、江西老表张国华同志。两人在小酒铺里吃了点水酒，喜谈东西两岸战斗的经历。他拍着我的肩说："老萧，我们一天一夜走了二百四十里啊！"我说："老张呐！我们红三团也不少于二百三十九里呀！"说得两人都笑了起来。他告诉我，他们的团长是黄开湘，政委是杨成武，总支书记是罗华生，一营长是季光顺、二营长是曾宝堂，三营长是曾庆林，突击泸定桥的队长是二连长廖大珠、三连长王有才等二十多个勇士。

我们仔细看泸定桥，从东岸到西岸用十三根粗铁环连成的铁索，九根做桥面，两边各用两根做桥栏，长有二百多公尺，离水

泸定铁索桥

有五十多公尺高。褐红色的流水冲击着河里的礁石，掀起丈多高的浪花，声音震耳。西桥头就是泸定市的西城门，真是一人当关，万夫莫敌。上午十时左右，我们离开泸定桥，向二郎山前进。

我随三团继续向二郎山前进。晨，三团与敌在二郎山东激战，打败了敌人，山口上堆满了敌人的尸体。我们经龙胆溪、两路口达紫石坪，包围雅安，行程一百二十里。一团与敌作战，不宜硬攻。听说党中央、毛主席和中央纵队已经过了泸定桥，使人放心。

我们在议论，为什么张国焘不派点部队到天全、雅安、泸定接应一下，使我们冒这么大的风险过大渡河？

六月一日　晴

因雅安城敌人防守严密，四面都是工事，硬攻对我不利，军团决定北移。我们上午八时从紫石坪出发，往北走，经天全到开荣坪宿营，行程九十里。这一带封建剥削特别厉害，土豪特别富，穷人特别穷。

看军团政治部出版的《战士报》，详细登载了红四团二十二勇士抢夺泸定桥的战况。

六月二日　晴

晨出发，经王宅村到芦山城宿营，行程七十里。这座城很好，四面是山，有两万多人，还有城墙。城里有电灯和面粉厂。

师政谭主任告：全军胜利过了大渡河，争取了四天时间，可在芦山休整，加紧动员，争取早同红四方面军胜利会师，掀起川甘陕边抗日救亡新局面。四方面军离这不远了，但要会师，还要翻过邛崃山脉的大雪山——夹金山，我们要准备好粮食。

晚上，彭加伦科长传达总政颁发的红军进到四川的标语：

1. 四川工农与红军联合起来，打倒万恶的国民党军阀蒋介石、刘文辉、刘湘！

2. 红军是工农的军队，四川工农要想得到解放，就要帮助红军打大胜仗，消灭刘家军和中央军！

3. 四川工农起来，组织革命委员会做自己的临时政府！

4. 四川工农要自己有武装，才能得到彻底解放，快快起来加入游击队和抗捐军！

5. 四川工农加入红军打刘家军！

6. 四川工农起来实行打粮富、分田地，工人八小时工作，增加工资！

7. 苏维埃是工农自己的政权，打倒国民党政府，建立苏维埃政府！

8. 共产党是无产阶级的政党，是中国革命唯一的领导者，拥护共产党，先进的工农加入共产党！

六月三日　阴

敌机不断来袭击扫轰，隐蔽不好，就要吃亏。我们抓紧时间打土豪，筹款买粮食。

过了大渡河，对遵义会议确定的北上抗日的方针更加明确了，觉得有了出头之日，会合四方面军也在望，部队情绪很高。伤病掉队的虽然很多，但扩红也多。穷光蛋愿当红军，四川穷人多，愿意当红军的也多。四川人一般个子不高，但很结实，能打仗。

看油印的《战士报》：红军过大渡河后，由于正确执行了党的少数民族政策，顺利地通过了彝民区，在那里撒下了革命的种子。

红军在大渡河渡了两次。第一次是在安顺场，虽然强渡成功，但此处水深流急，而且只有几条船，在后有追兵的情况下，靠一条船将数万红军几天内全部渡过河是不可能的。指挥部决定，夺取安顺场北面三百二十里的泸定的铁索桥过河。已经渡河的红军部队与尚未渡河的红军沿大渡河东西两岸一起向泸定桥进发，两天时间里，在沿途还发生战斗的情况下，他们创下了一昼夜行军二百四十里的纪录！

当时，桥上原有的木板已被毁掉，红军战士前面突击队开路，后面扛着木板铺桥，终于一举抢占大桥，为中央红军主力全部过河打开了胜利的通道，蒋介石围歼红军于大渡河以南的计划破产！

十一、翻过雪山到懋功

一九三五年

六月四日　晴

川军两个团由雅安向屯平、花林坪攻来，妄图阻止我军前进。其中有一营敌人深入到一团东侧，被杨团长、黎政委率三营击溃，消灭敌人百余名。

各团深入乡村，大力筹粮，准备过雪山，并扩红五十余名。

据说四方面军一部进到通化、安宁地区，原来围堵四方面军的刘湘军阀部队都调到雅安一带堵击中央红军。蒋介石也知道，如果中央红军进到川西，会合四方面军，局势就难以收拾。所以，他在天全、芦山、宝兴这一狭小地区，妄图利用雪山困死红军。

六月五日　晴

师政召开政工会议，由谭主任主持，黄甦政委传达军委指示：继续北上，要打几仗，翻过雪山到懋功去同红四方面军会师。

上级提出几点要求：

1. 要充分理解北上会师的意义。

2. 要整顿纪律，加强组织纪律性，克服在白区行动大半年造成的松懈现象。

3. 加强党支部的堡垒作用，坚决执行党的阶级路线，注意群众纪律，人人都理个发，穿好点，振作精神，准备过雪山后同红四方面军会师。

六月六日　阴、雾

上午八时出发，敌机又来捣乱，我们继续行军，经铅锌厂到汤坝宿营，行程九十里。沿途谷子长得绿油油的，黄豆长势喜人。农民有个好收成，红军也有饭吃。

六月八日　晴

我军进入川西后，刘湘军阀两个师，以雅安为据点向我堵击。我军在汉源地区同三军团主力将川军四个团打垮，歼灭三千多敌人，争取时间在芦山、天全多休息几天，总结过大渡河和汉源战斗经验。

上午，部队开大会动员到懋功去同红四方面军会师。讨论中，周胜全秘书说："四方面军怎么不向邛崃县、雅安方向出击，迎接我们北上，为什么逼得我们非走雪山不可？"谭主任讲："总是人家也有困难，路子要靠自己闯。"

六月九日　晴

出发前，李聚奎师长、胡发坚参谋长讲话：离开这好芦山，背着粮食迎困难，要振作精神过雪山，同四方面军会师。

晨出发，战士们情绪高昂地前进。经定头坡、新华、灵鹫、河底下、赵家坝、灵关向夹金山前进。行军途中，宣传棚在大声宣传过雪山到懋功同红四方面军会师的意义。中途在宝兴（穆坪）城休息一会，然后经鱼洞子、王龙、格达桥到陇东镇宿营，行程七十里。在王龙扩红八名，补给一团二营。

六月十三日　阴、晴、雨

凌晨四时起来做饭，六时集合整队。出发前，师首长讲了话，要大家整顿好军容，检查好武器装备。七时出发，部队浩浩荡荡地向雪山进军。

有人讲，当地老百姓把夹金山叫作"神仙山"，除了神仙，连鸟都飞不过去。听起来确实可怕。我们共产党是不信神的，但既然说除了神仙，谁都过不了雪山，那我们定要和神仙比一比，立志爬过雪山去。

途中经杨磨头、苦壁、大坪，沿西河往北爬山，过健康村、中岗、土巴沟、牛井棚、沿扑沟，翻喇嘛高地，下到地蛇湾宿

红军长征途中翻越的第一座雪山夹金山

营,行程七十里。我们走的是大道,两边树木很多。这些木料如果运到成都去,不知要卖多少钱。往北山看去,尽是白茫茫的高山。夜晚,四面八方都是灯火,好像城镇的电灯一样。

六月十六日　雾、雪

听说前卫红二师快过夹金山了,也没有碰到什么了不起的困难。我想:再困难也要过,当然,容易更好。

晨六时出发,沿丰东崖、铜陵沟、图岩窝、九道拐、三道桥爬到程胡岭,到处都是白雪。部队在雪山上转圈子,一个比一个站得高,出太阳时可以看到东山的灌木林,西边的洛亭山。

准十时到达水海子,这又叫"八字山"。看着眼前高高的白雪山,想到六月间还有那么多雪,这在我们江西简直是笑话。英雄战士们爬呀爬，虽然大多穿的是夹衣，还有不少同志穿单衣，可这时也不觉得冷，因为爬山爬得我们浑身热乎乎的。

一到下午，气候突然大变。先是大雾，后来又下起了毛毛细雨，不一会又下起了雪。我们冒雪继续往上爬，越往高爬，雪越大，还刮起了大风。指战员们一个个都成了雪人，再加上刺骨的寒风一吹，冻得人不知怎么是好。大家赶忙打开背包，把所有能穿的衣服都穿上了，有不少战士冷得没有办法，只好把被子、毯子都披在身上御寒。

到了夹金山顶，谭主任要我留下跟在二团后面，担任收容队的工作。二团政委邓华也负责收容队的工作。我看到一个个干部、战士好不容易才爬到了山顶，累得呼哧呼哧直喘气。有些年长体弱的同志快到山顶了，却一头栽倒在路旁，怎么也起不来了。医生、卫生员赶忙上去抢救，有的已经停止了呼吸。不少同志爬到山顶后，想坐下来休息一会。李聚奎师长大声喊叫："同志们，赶紧走，快到懋功会合红四方面军去，这里不能停呀，要停就走不了啦！"有的同志累得不行，一坐下就起不来了。摔跤是常事，摔了也不晓得痛。政委、政指和宣传队的同志们跟大家一样，尽管呼吸十分困难，但仍在积极宣传："同志们，下面就是懋功了，坚持下去就是胜利，赶快翻过山去和四方面军会师。"战士剧社的同志们也在大声高喊："同志们，快下山去，千万莫停留，莫吃山上的积雪，不然会泻肚子、发高烧的。"一路上，大家发扬团结互助精神，看到年纪大身体弱的同志就扶护。

六月十七日　晴、阴、细雨

昨天翻越夹金山，行程一百二十多里，终于到达了懋功城宿营。看到红四方面军三十军八十八师部分战士，其中还有好多女战士，她们见了我们亲切地问候："同志哥，你们辛苦了！"有半年多没有看到过女兵了，今天见到，十分高兴！我想起从中央

下雪山的喜悦（黄镇 作）

苏区出征到湘江以前，我们一方面军男女小红军很多，一路上许多人掉队或牺牲了，尤其是女战士，没剩下几个了，心里实在难过。

我们走进县警察局，在墙上揭下一张报纸，突然看到龚楚的名字。在中央苏区总政时，我认识他。长征时，叫他留下来跟陈毅、项英、谭震林等同志坚持苏区斗争。一九三五年春，他带几个团挺进到湘滇桂边，因经不起艰苦环境的考验，叛变投敌，做了可耻的叛徒。在革命征途中，总有少数动摇分子脱离革命，他们走了，红军照样胜利。

六月二十二日　阴

我突然发了疟疾，幸好在懋功休息了几天，病情好转。上街散步，同四方面军的男女战友交谈，互相畅叙革命经历。四方面

军的同志说，张国焘要在川西北创立苏维埃根据地，要搞什么西北联邦政府。

回来同军团政治部的周秘书聊天，我说："遵义会议上毛主席说要北上抗日，张国焘到川西北去做什么呢？"周秘书也说："川西北尽是穷山恶水，能创建什么根据地？"

接军团政治部命令，调我到军团直属队任总支书记。周秘书问我哪天去报到。我说，我很留恋红一师，这里的首长和同志都熟悉，到新单位怕做不好工作。我想请他同谭主任说一下，回三团也行。我文化低，愿打仗，到上级机关尽是干部，我年纪又轻，怎么能适应这复杂的工作？心里总是或多或少有些顾虑。

六月二十三日 阴

晨七时出发，经浩新桥，沿宗德沟北上，过笔架山等雪山，到淳水井、八角乡宿营，行程六十里。这一线驻有四方面军三十军八十八师的部队。看到我们经过，他们很高兴，并派兽医来帮助治疗我们炮兵连跌伤的牲口。

到宿营地以后，我去军团政治部报到，把介绍信交给组织干事李子芳同志。虽然舍不得离开红一师，但组织需要，得坚决服从。

六月二十四日 晴

晨七时出发，经马场，沿抚边河北上，到抚边宿营，行程五十里。途中，我到炮兵连了解情况，原炮营营长赵章成同志到该连任连长，原二十二师六十六团政委翁祥初同志到该连任政治指导员。他们能上能下，真是好同志。该连有一百一十五人，其中党员四十五人，团员五十二人。有四门平射炮，七十五发炮弹，十八头骡子。

行军中，军团政治部朱瑞主任找我谈话。他说："军团直属队包括司令部、政治部、供应部等机关，还有侦察、警卫、通讯、工兵、炮兵连，以及野战医院等十一个单位，共一千四百多人。你们总支委员会在军团政治部组织部领导下，主要抓思想政治工作。具体人员有：俱乐部主任王紫峰、破坏干事潘振武、特派员周贯伍、曹如学、青年干事小王。"最后，他鼓励我说："要努力学习，大胆工作，不要怕干部多，要坚持真理，敢于同不良倾向作斗争。"我表示要尽力搞好工作。

六月二十五日　晴、阴雨

晨七时出发，翻过邓家山，经两河口到黄草坪宿营，行程七十里。

在两河口看到四方面军总部，树林里拴着好多骡马，还有几条电线，发电机正在隆隆响。进出总部的人很多，看样子，这里可能要开什么重要会议。

我们的宿营地驻有四方面军三〇医院、三军团的十团和一军团直属队，人多房子少，十分拥挤，大多数同志都在野地露营。

十团王平政委主动地把房子让给医院的伤病员住。

六月二十六日　阴雨

晨七时出发，经木城、打鼓山等雪山，到达茶古寺宿营，行程七十里。我同王干事到侦察连了解支部活动情况，该连有八十七人，其中党员四十二人，团员三十二人，刘云彪连长能成为团结的核心，十人小组（国家保卫局的保卫网小组）很起作用。当前主要困难是缺粮，战士、干部们都吃不饱，腿没有劲。

晚上，我细心回忆了一下，到红一师当巡视团主任五个多月，在领导和同志们的帮助下，同吴富善、刘锦平、金行生等同志团结工作，经历过三进遵义，八渡赤水，二抢乌江，息烽战斗，佯攻贵阳，进抵广西，袭占曲靖，白天过昆明，皎平渡过大渡河，跟三团夺泸定桥，攻二郎山，逼近雅安，进驻芦山，备粮过雪山，到达懋功。这段艰苦的行程，幸有党中央、毛主席、周副主席和朱总司令的英明指挥，才调出了黔、滇军，分散了蒋介石和地方军阀的兵力，保证了一、四方面军胜利会师。

我们巡视团的工作主要是：在师政领导下，协同各团对连队党支部活动进行检查，帮助改进连队的支部领导工作，发挥堡垒作用；积累扩大红军的经验；在打土豪和没收地主浮财中，解决部队的穿衣等问题。我们六个巡视员对各团首长是尊重的，内部是团结的。现在，我调到军团直属队任总支书记，工作还很生疏，朱瑞主任鼓励我好好干，把工作搞好。

六月二十八日　阴雨

晨七时出发,从村布翻过梦笔山(雪山),晚到卓克基宿营,行程七十里。这里气候不好,人烟稀少。老百姓被反动派欺骗、胁迫,都跑光了,我们找粮食很困难。军团政治部罗荣桓副主任亲自布置我们如何筹粮。

到警卫连检查群众纪律,他们不小心打坏群众两个盆,留下了赔款和条子。

朱瑞主任率二师六团在卓克基以北康庙寺草地边缘侦察,查明过草地向北有两条路线。时遭马步芳军阀鲁大昌两个骑兵团的突袭,由于我军缺乏同骑兵作战的经验,不知道先打马还是先打人,结果伤亡不小。因此,军团通知,要认真总结同国民党骑兵作战的经验教训。

六月二十九日　阴、晴

晨七时出发,离开卓克基沿梭磨河向毛儿盖前进,过小雪山,到梭磨村宿营,行程约六十里。

据刘晓部长介绍,卓克基是清乾隆皇帝劳民伤财所攻克的小金川七大土司之一。

土司宫建筑在两河口的汇流点上,前临急流,后倚峻岭,在一块石头砌的几丈高,十几丈宽的方台上,建筑着四座楼,前一栋为两层,左右后三栋各为四层。官府的一、二层都是土司的厨房，储藏室，以及下等人的住地；三、四层楼以上，窗子都有玻璃，房门和壁板都雕有精美的图案。室内的装饰架上均放着瓷器、玉雕等玩物。床、桌、椅、茶几等都有木雕花纹，且是上等木头制作，这大概是土司和随属的卧室。后楼便是个大佛堂，内有佛像、佛幛、铜鼓和很多藏经，两边的壁画因为年代久远，都已模糊不清。左、右两幢楼内各设有一个小佛堂，堂内两旁有新鲜美丽的壁画，显然是近代所绘，在此地区有这等艺术，令人惊奇。土司的会客室内放有一部《三国演义》和其他汉文书籍。据人说，这位土司曾在成都大学读过书，与四川军阀刘文辉等交情颇深，所以他的机关枪和步枪都是刘文辉送给他的。红四方面军先头部队至此前，曾派使者去向他借道，他非但不肯，反将来者杀了。此后，红军就用一个营打他个落花流水，七个土司率领残兵跑入深山。红军占据卓克基的官宅和碉堡后，把他的财产没收，但官宅中的一切古玩仍在原处不动。官宅前的一方平台，可容一连人操练，暂作红军一小队的操场。他修的碉堡很坚固，也很高，但缺点很多，死角很大，防卫盗匪够用了，抗击大队兵马则显无用。

刘晓还说，此地百姓所耕种的地都是土司的，要向土司纳租，此外什么都要差派，土司所烧的，所吃的肉，甚至守卫的一切勤务都是穷苦人公派出来维持的，造个桥，修条路都是民众出资出力，而且一见土司就低头跪下，等土司走后才敢起身，土司就是这里的土皇帝。

梭磨村村子较大，有两百多户藏民，青稞麦的长势较好。部队原地休息、筹粮。由于四川军阀常到藏区来抢夺屠杀，因此，藏民对他们非常仇恨。红军初到，与川军的不同也不是一下子能讲通的，再加上反动派的欺骗宣传，藏民躲的躲，逃的逃，把粮食都藏起来了。因此，粮食日渐成为威胁我军生存的大问题。为此，大家积极动脑筋，想办法搞粮食。炮兵连司务长率战士挖到一个地窖，找到了上百斤腊肉和许多粮食。主人不在，留了借条。

野战医院的王奇才政委利用休息时间，收容了好多掉队战士，还采集了不少中草药。

六月三十日　阴、晴

在梭磨休息一天。这一带山路两旁都是原始森林，看不到藏民。通讯连一个班长和两个战士外出架线时，被反动武装杀害。我们找到战友的遗体后，举行了追悼会，大家的心情非常沉痛。

七月一日　晴

晨七时出发，经王家寨到马塘宿营，行程七十里。宿营后，朱瑞主任在军团直属队主持军人大会，庆祝党成立十四周年。聂政委做了简短讲话，他要求全军指战员以实际行动贯彻党中央政治局两河口会议的决议，继续北上。

七月二日　阴

上午八时出发，经卡莫村，翻过长板雪山，到康猫寺宿营，行程三十里。途中，看到两架敌机从东向西转了两圈，就向南跑了。大家很奇怪，可能是敌机怕撞到雪山上去，所以来不及"拉屎"（丢炸弹），就急忙飞走了。

到宿营地后，各单位分头筹粮。工兵连挖地窖，搞到一千多斤粮食。

七月三日　晴

晨七时出发，经三二五二高地到刷经寺宿营。这里有个大喇嘛寺，可以容纳一个团的人员居住，但为尊重宗教信仰，我们宁可露营。

军团政治部的同志筹粮时，挖地窖搞到五百多斤粮食和一些腊肉，全部交群工部统一分配。

群工部长刘晓同志找我布置，要各单位找些藏民当向导，尽快把受欺骗的群众找回来。这几天，一些藏民不像开始那样躲避我们了，但由于国民党军阀和当地反动土司规定，凡给红军当通司（翻译）和向导者，凡卖粮给红军者，均处死刑，若不执行坚壁清野者，所有牛、羊、粮食和财产，一律没收，使得藏民无法接近我们。

七月四日　阴、晴

原地休息，上午，直属队总支召开由各连政治指导员参加的政工会议。大家汇报了近期的工作和思想状况。各单位普遍反映，筹粮工作开展很困难，由于反动派煽动，藏民不敢同我们接近，不敢把粮食卖给我们，因此，光靠挖地窖、找牛羊的办法，远远解决不了部队的供应。更伤脑筋的是，沿途反动武装经常躲在树林里打冷枪，袭击、捕捉我们掉队和执行任务的零星人员。据统计，仅直属队就有二十几人被捕杀。

军团组织部刘道生副部长听完汇报后讲了话。他首先表扬了警卫连、工兵连、炮兵连等单位党支部的堡垒作用发挥得较好，能够团结互助，减员较少，应该向他们学习。随后说，大家反映的困难，上级已经考虑到了，为了避免饿死，只好组织部队收割当地已经半熟的青稞麦，用来充饥。同时，要加强政治宣传，派人四处去寻找藏民回家。

七月六日　阴、晴

晨七时出发，经奶子沟，过打鼓山到新康猫（下壤口）小休息，又爬过拖罗雪山，到冲格热宿营，行程近百里。

经过筹粮，部队有了粮食，大家行军的劲头更大了。一路上，同志们齐声夸奖炊事班。担任炊事员的大多是从江西出来的老同志，过去从没见过青稞麦，也没做过玉米饭，如今他们动脑筋想办法，努力学习做饭的技术，每到宿营地，就忙着找碾子推磨,尽量让同志们吃得好些,大家十分感激炊事班的辛勤劳动。

我和曹如学同志担任收容工作,这几天比较轻松,掉队的少了。但是因为行军中没有地图和向导,加上地形复杂和经常不散的云雾,迷路转向的同志很多。军团左参谋长指示我们,要加强收容队的工作,协助迷路转向的单位和人员赶队。

七月八日　阴、晴

晨七时出发,沿羊拱沟,经血洛、阿色到德藏宿营,行程一百里。这里地势较平坦,但原始森林很多,几乎遮蔽了半个天空,如分散找粮,稍不留意,就会迷失方向。在阿色,看到来一师担任参谋长不久的耿飚同志正在师部待命,部队正忙着筹粮。军团组织干事李子芳同志告诉我,这里离毛儿盖不远了,要我把直属队自懋功出发以来减员的情况统计一下。听他说,毛儿盖是个大地方。近一二十天来,我们经过的都是崎岖的山路,茂密的森林,空空的村落,看不到藏民。多想早日到大一点的地方,看到更多的藏民,以便宣传党的民族政策,更好地完成筹粮任务,保证我军胜利北上啊!

夹金山位于四川雅安,海拔4000多米,终年积雪,空气稀薄,气候恶劣,变化无常。当地一首民谣称:"夹金山,夹金山,

鸟儿飞不过，凡人不可攀。要想越过夹金山，除非神仙到人间。"但长征以来经历了千难万险的红军，岂会被一座雪山挡住去路。

　　红军开始向夹金山进军。严酷的环境同敌人的枪炮一样残忍，红军战士稍不留神就会掉进深不见底的冰谷雪窟，很多人坐下休息后就再没能起来。大家相互鼓励、相互扶持，以坚韧不拔的顽强毅力成功征服长征路上第一座雪山，在懋功县的达维镇与红四方面军的李先念部胜利会师。懋功会师是中国革命的一个伟大胜利，两大主力红军会师为日后开创新局面创造了十分有利的条件。

十二、毛儿盖见朱总司令

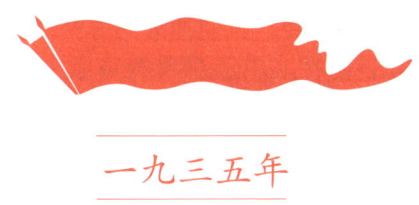

一九三五年

七月十日　晴、阴雨

　　晨七时出发，经阿基、斜藏到毛儿盖宿营，行程六十里。

　　毛儿盖是我们进松潘地区以来最大的一个村镇，有几百户人家，村里有几个喇嘛寺，但仍然看不到一个人，只见经书和杂物丢了一地。原来，驻守在这里的胡宗南的一营敌兵，被我前卫部队全歼，反动土司和头人又胁迫藏民逃跑了。

　　左权参谋长通过管理科通知各部队，要认真执行党的民族政策，把驻地、街道和寺院周围打扫干净。此外，要警惕敌机的空袭，挖好防空洞。

　　我统计了一下，军团直属队从懋功出发以来，共减员一百二十人。

七月十一日　晴

上午，军团召开了政工会，团政委以上干部参加。朱瑞主任向大家详细传达了两河口会议通过的中央政治局决定。决定指出：

一、四方面军会师后，我们的战略方针是：集中主力向北进攻，在运动战中消灭敌人有生力量，首先取得甘肃南部，以创造川陕甘苏区，使中国苏维埃运动放在更巩固、更广大的基础上，以争取中国西北各省以至全中国的胜利。

为了实现这一战略方针，在战役上必须首先集中主力消灭与打击胡宗南军阀，夺取松潘与控制松潘以北地区，使主力能够胜利地向甘南前进。

为了实现这一战略方针，必须坚决反对、避免战争退却逃跑，以及保守偷安、停止不前的倾向，这是目前创造新苏区斗争中的主要危险。

朱瑞主任还说，这次会议，否定了张国焘主张红军向青海、新疆或川西、西康边界退却的错误主张。会上，毛主席强调，只有北上才能使红军得到发展，才能推动全国抗日高潮的迅速到来。

大家听后很振奋，一致拥护党中央的路线，并表示要团结一致，克服困难，尽快打出松潘地区，向甘南前进。

接着，左权参谋长也讲了话。他说，自懋功出发以来，行军比较顺利，因为这段路上没有碰上大股的敌军。但是，粮食奇缺，已威胁红军的生存，成为能否贯彻两河口会议的大问题。因此，当前首要的任务是想尽一切办法筹粮。前面就是草地了，要走七八天路程，但沿途没有人烟，所以，我们必须在这一带筹足过草地的粮食。我们现在处于十分困难的时期，为了筹粮，不得不采取一些非常措施，但我们决不能忘记党的政策和纪律，我们要派人四处做宣传工作，动员藏民回来。同时，要与违反群众纪律和浪费粮食的行为做斗争。

七月二十八日　雾

军团政治部召开政工会议，传达中央关于过草地的有关指示。中央认为，打出去有两种办法：一种是往松潘、大城、武都走，得打几个大仗，伤亡可能较大；另一种是从清海、班佑、岷山走，绕道甘东、川北，沿途敌人较少，但道路和供应都不好。最后，中央确定按第二个方案行动，决定从草地打出去。

两周来，我们在驻地周围积极做群众工作，向藏民宣传党的民族政策，并大力筹备粮食，炒青稞麦，磨青稞粉，做好过草地的准备。

我同周贯伍去检查警卫连、工兵连的工作情况和群众纪律。经过十几天的动员教育，各单位执行纪律的自觉性有很大提高。警卫连政指李振邦同志汇报说，他们连不小心碰坏了四块门板，就赔了三元钱，并写了道歉信放在桌子上，不知道主人能不能看到。

晚接上级通知，准备明天出发，开始过草地，要求每人带足十到十五斤干粮。

七月二十九日　阴雨

晨七时出发，离开毛儿盖，沿库崆曲河北行四十里，到了屈锦桥，就开始进入草地。中午时分，在那塘休息了约一个小时，吃了点干粮，继续北行。傍晚六时到徐支更萨露营，行程七十里。我们在右边小山坡上，搭起了遮雨棚，燃起了火堆，漫山遍野的篝火映照着简陋的布棚，显得五光十色，顿时，使荒无人烟的草地充满了生气。看到这个情景，一天的疲劳就消除了大半。

沿途看到一些身体弱的战友不知不觉地倒下去了，心里很难过。草地茫茫，没有人烟，一个个的泥潭，骡马陷进去，越陷越深，不能自拔。听说前几天分散筹粮时，有天早晨，三团进到屈锦桥时，闻到一股怪气，呛得人直喘粗气，讲不出话来。刚进入草地这鬼地方，就给我们一个"下马威"。看来，草地真是大自然的拦路虎，但不管有多大的困难，我们英勇的红军一定要闯过去。

七月三十日　阴雨

早晨起来，每人吃了点自己背的干粮，于七时出发。我与警卫连、工兵连跟军团首长林彪、聂荣臻、左权、罗瑞卿等同志前进，行程约七十里。停下以后，我们拾些干柴，用搪瓷杯、面盆等用具当锅子，烧些水，煮些青稞麦面，泡些肉干，算是一顿美餐了。由于沿途没有房屋，每人只好用根棍子往地上一插，靠小树搭块油布躲雨，大家背靠背挤在一起露营。

七月三十一日　阴

晨，军团忽然下令停止过草地，要我们仍返回毛儿盖，大家不知何故，估计是领导上有新的点子，可能在松潘地区组织一个或几个战役，然后打出四川去。我们向连队进行政治动员，解释回毛儿盖的意义。大家都愿回去，这倒霉的草地，两天来损失我们很多战士、干部，使劲走一天，还走不到七八十里路。

下午，经屈锦桥回到毛儿盖宿营，行程七十里。晚上住的尽是牛屎房，遍地是牛屎，经半天打扫才能住。大家只吃了一点青稞麦，如果不节省，粮食吃完了，往哪去要？

我们一方面军从中央苏区出征以来，快十个月了，经历的许多困难都克服了。现在，过草地缺粮食，也得克服。

八月一日　阴雨

战斗中渡过南昌起义八周年。行程十个月，走了九个省市，算算行程达一万八千里。已经走到草地，总得徒涉过去。午后到毛儿盖打扫下卫生才宿营……深入连队向战士们解释，为什么又回来，主要是张国焘不北上。林、聂、左、罗首长和朱瑞主任讲话：庆祝中国工农红军纪念日，一军团直属队人员都回来了，参加了庆祝。红二师开进松潘、黑水，红一师开进芦花。

八月二日　阴

奉军团指示，部队转移到松潘、黑水、芦花一线，整训筹粮。等待张国焘觉悟，准备第二次涉草地，北上反蒋。

晨七时出发，从毛儿盖南下，经斜藏、德藏、剑科到麦巴宿营，行程五十里。沿途经过一些寺庙，看到寺庙门口贴有总政布告，指出：要保护兄弟民族的宗教自由，一切人等均不得侵扰寺院。这一线河水有毒，一不小心搞到伤口上，就会肿起来，严重的还会致死。

八月三日　晴

晨七时出发，继续沿毛儿盖河南下，经库川到俄窝（婆罗子）宿营，行程六十里。

在俄窝，我看到军团政治部邓小平、罗荣桓、陈漫远、萧向荣、刘道生、刘原、刘晓、赵尔陆等首长。我向组织部刘道生副部长等首长请教怎样做军团直属队的工作，他们耐心指教，我很受教益。

听说三团七连在上打古山峡放连哨，被地方反动武装偷袭，激战半小时，除一通讯员逃出外，其余六十五名同志都被杀害了。恨透了国民党反动派和当地反动武装的作恶行径，记住，这又一笔血债，定要为死难烈士报仇。

上级命令我们直属队在俄窝一带筹粮。命令红一师在小黑水河以西，红二师在小黑水河以东地区整训、筹粮。这里遍山是青稞麦，快好收割了。

八月四日　晴

上午，军团直属队召集王集成、袁升平、杜平、王奇才政委，以及尹国赤、李振邦、翁祥初、严雄等同志，研究突击筹粮过草地的问题。同志们议论，为什么部队从草地边拉回来，估计有三种可能：蒋介石在前面有布置，阻击我北上；准备工作没有做好；内部有分歧。一、四方面军会合是好事，但听说两河口会议上，张国焘主张红军向青海、新疆或川西、西康边界退却，不愿意北上。他还想吃掉一方面军，想当党中央和军委主席。他轻视一方面军，讽刺挖苦说："你们像叫花子军队一样，还能打仗？！"这算什么话！

八月五日　晴

上午，军团政治部在俄窝召开政治工作会议，由各团政委参加。会上，布置了"纪律突击"。我参加了会议，汇报了军团直属队一个月来政治思想情况及找粮食的办法。会后，同邓华同志交谈多时，我们对张国焘的做法很不满意。

午睡时起床到屋后解手，突然有三个藏民打扮的人从小树林里拼命跑来抓我，我急得提着裤子就跑。我的老天，差一点被他们杀了。这里情况复杂，反动派挑动民族矛盾，可得当心！

各单位找粮的办法很多，尤其是工兵连，挖地窖的办法多。各单位筹的粮食足可以吃二十天，就是没有盐吃，大家的腿都没有劲。找到不少猪肉和牛羊肉，准备晒肉干，过草地吃。今天在藏区采取非常政策，吃了藏族兄弟的东西，想到他们在挨饿，心里难过。为了革命，不得已借用他们的粮食和猪牛羊，等革命胜利了，一定加倍归还。

八月六日　晴

我同警卫连到青山借粮，来回行程五十里。途中，在半山坡，忽然看到山洞里跑出四个大人一个小孩，黑乎乎的，拼命往山下跑。我们走到洞里一看，留下四袋青稞麦。我们打了张借条：你藏的四袋青稞麦，红军借用一下，等革命胜利后，加倍偿还。借走了人民的粮食，心里真难过，可是又没有别的法子。恨只恨国民党反动派的"围剿"，机会主义路线的罪过。不然，我们哪会跑到这穷山沟里来向藏民借粮？！

八月七日　晴

我到警卫连了解情况，该连有一百二十人，其中党员五十四人，团员六十人，支部工作很活跃。连长尹国赤、副连长刘辉三两同志很能干，政指李振邦同志工作很细致，他们把全连团结得很好。

这几天在俄窝一带整训、备粮，成绩不小。各单位都筹足了半个月左右的粮食，但没有什么东西装。大家想办法用裤子做粮袋，把裤脚的两头一扎，装得满满的。还有，背粮也是个问题，因为没有盐吃，大家腿软心慌。

四方面军的二四九团调编到一军团二师。胡炳云同志原来是营长，编后担任四团六连政指，他思想觉悟高，不闹情绪，工作很好，值得我们学习。

八月八日　晴

午前，朱主任召开军团直属队政指会议，动员北上工作。我们的口号是：打出去，在川甘陕边创立苏维埃根据地，推动全国抗日高潮的到来。

工兵队准备架桥器材。可是，四头骡子死了两头，大家要背粮食，背器材就成了问题。除尽力携带外，还要就地取材。

八月九日　阴雨

随工兵连在青山、中壤口一带向藏民借粮，来回行程五十里。当时，正值割大豆的时候。受反动派欺骗宣传的藏民，躲在树林中打枪，把三班副班长李春伍的腿打伤了。侦察连在北山借粮时，找到四个帐篷，麻布做的。左权参谋长和朱瑞主任研究后，决定除前梯队留两个备用外，其余两个，连同六十斤青稞麦，派一个班，用两头牦牛驮着，送给毛主席和周副主席、朱总司令等领导同志用。

八月十三日　晴

晨七时出发，经官纳若到下格卡宿营，行程七十里。沿途看到很多牺牲了的战友的遗体，心里难过。

这里是藏区，不懂藏语真难工作，通司（翻译）找不到，向导也找不着。我们只有按地图方位行动，往往转圈子，常常走错路。

八月十四日　阴雨

在俄窝一带整训、筹粮近十天，今晨经德藏、科藏又回到毛儿盖宿营，这是第三次到毛儿盖了。敌机飞来乱炸，部队幸无伤亡。

经过十天筹粮，我们共借到几千斤青稞麦和一些盐，还借到四头猪，为部队弄到了一些救命粮。

八月十五日　晴

午后，在毛儿盖附近的斜藏，总部开一、四方面军团以上干部会议，看到了朱总司令和周副主席等中央首长。

朱总司令分析了形势，号召我们团结起来，打出松潘地区，赤化甘川陕边，推动苏维埃革命，推动全国抗日救国高潮。他指出，现在，周围的敌人把重要的交通要口都堵塞了，逼得我们非走草地不可。我们要坚决克服前进道路上的拦路虎，两个方面军的同志们要团结起来，互相帮助，战胜困难。

红四方面军的总指挥徐向前同志在会上也要求两个方面军的同志们团结起来，在困难的道路上共同前进，迎接胜利！唯有张国焘站在台上沉着脸，神色难看，半天不讲一句话。

看到红五师师长黄克诚、政委钟赤兵、十五团政委罗元发、参谋长何德全等同志，听说他们在黑水整训得很好，党团活动开展得很有成绩，要向他们学习。

八月十六日　雨

上午，左权参谋长来军团直属队召开会议，布置第二次过草地总的行动计划。根据中央决定，组织安排同上次一样，还是两路纵队。朱总司令和张国焘带左路军自卓克基出发，穿过草地，再向东到甘东。左路军人很多，光四方面军的九军、三十一军就有一万二千人，加上一方面军五、九军团，战斗力较强。我们是党中央、毛主席、周恩来、徐向前、叶剑英等同志带领的右路纵队，包括一方面军的一、三军团和四方面军的四军、三十军，经毛儿盖绕过松潘，从草地到班佑。两路纵队分别向甘东前进，进甘陕，以便达到北上抗日的目的。具体安排是：一军团为前卫，聂荣臻政委、左权参谋长、朱瑞等同志率领军团直属队为前梯队，罗荣桓、邓小平等首长率领其他部队为后梯队。我们要坚决保卫党中央、毛主席胜利北上。

下午，朱瑞主任在军团政治部召开部务会，传达八月三日党中央在毛儿盖召开的政治局会议的精神，中央就一、四方面军会合后的政治形势与任务做出决议，已说服张国焘北上抗日。朱主任对加强政治思想工作的问题做了布置，要求我们一方面军所属部队要主动团结四方面军的同志，在行军中，不许收编四方面军掉队人员，遇有困难，主动支援四方面军的同志，一定要加强团结，团结就是力量。

八月十七日　晴

敌机飞来狂轰滥炸，各单位在毛儿盖搞防空洞。

军团政治部召开政治工作会议，朱瑞主任要求：

一、深入动员，讲清第二次过草地的意义，这是革命的需要，坚决拥护党中央、毛主席北上抗日的方针。

二、备足七天干粮，想尽一切办法找粮食，打借条时说清楚，胜利后愿加倍偿还。

三、各部应注意友爱团结，凡掉队人员，劝回原单位，不得收留，要顾全大局。

四、任何时候都要注意群众纪律，不能认为"三大纪律八项注意"在过草地时就不能用了，在农村找粮就无法执行阶级路线了。要随时想到群众，走时整理好住过的房子。宁愿露营在外面，也不能住喇嘛庙，不能捣藏民的经书。

五、越在困难的时候，越要注意发挥党支部的堡垒作用，向战士做好政治思想工作，发扬共产党员、共青团员的模范作用。

八月十八日　阴雨

晚在驻地召开直属队总支会议，讨论筹粮问题。据汇报，司令部一百二十五人，十五匹牲口，现有青稞不到五百斤，肉干五十斤。警卫连一百二十多人，有青稞四百五十斤，肉干七十八斤。炮兵营一百二十五人，牲口十匹，有青稞六百斤。我军团直属队共有一千三百多人，各单位筹备的粮食，可用七天，但盐巴很少，牛、羊肉干没有盐，味道很差。

过草地时，决定每头牲口带粮六十斤，大人带粮二十五斤，小孩带粮十五斤。

★ 专家解读 ★

红军会师之后，很快就面临粮食不足的问题。松理茂地区位于今天的阿坝藏族羌族自治州，地广人稀，加之此地藏族群众受反动宣传影响，惧怕、敌视红军，语言又不通，红军遇到了很大的困难。

同时，红四方面军领导人张国焘与中央红军在下一步战略方针选择上出现分歧。毛泽东等人主张北上，张国焘则主张南下，实际情况是南下也是少数民族地区，人少粮少，根本不适合建立根据地。张国焘后虽同意北上，但暗地里仍计划南下，最终成了党和红军的叛徒。

十三、六天六夜过草地

一九三五年

八月二十三日　阴雨

　　晨七时，军团司令部通知集合，林彪、聂荣臻、左权等首长都在队前站着。聂、左首长说，为响应党中央、毛主席北上抗日的号召，开创川陕甘苏维埃根据地，今日开始向草地进军。我们是毛主席直接带领的右路纵队，要振作精神，不要被困难吓倒，行军中要发扬阶级友爱精神，同时，要提高警惕，注意胡宗南、马步青等军阀的骑兵袭击。

　　刘号长吹前进号，部队开始出发。我跟警卫连、侦察连、炮兵连随军团首长前梯队行动。曹如学负责首长安全。军团宣传队分段开设宣传鼓动棚，及时表扬好人好事，开展行军革命竞赛。

　　中午到达前湖，天下大雨，干粮变成湿粮，抓来就吃。午后二时出发，过三通小河，进入草地二十里，幸左山边有森林，大家在树下露营。眼前一片迷雾，看不清东西南北。

侦察连参谋苏静找到一个通司带路。据通司讲，从这往东北方向走，过草地约有四百里路，最快得走七天，把大家吓了一跳。

晚，我到侦察连、工兵连在日钦唐宿营处看望战士、干部们，大家都走得很累，坐下来就想睡，天气冷，幸好这里有树木，还可以烧烧火。举目远望，茫茫草原，遍野平川，只见一堆堆火光。这里敌机一下子来不了，我们出征以来，部队从未这么密集过，一派团结景象，心里可高兴了。

八月二十四日　时雨时雪

早晨起来，肚子饿得咕咕叫，原来准备的青稞麦炒粉，被雨淋得变成了疙瘩，只好烧些开水泡成面糊糊，加上几片肉干充

红军走过的水草地

饥。从军团首长到每个战士,都吃一样的饭汤。我们正在吃的时候,忽然下了一阵白雪,落在汤碗里,大家笑着说:"天下白糖,增加营养。"饭虽然简单,汤也不好,可是这么多战友集中在一起,热情交谈,倒也别有风味。

部队沿着荒无人烟的地区前进,右侧是大森林,左侧是一望无边的草原,间隔不远还有一片水汪汪的洼地,景好看,可路不好走。大家都拿根棍子当手杖,吃力地走着。

午后三时,看到神炮手赵章成同志身体不好,由叶青山同志换他下来搞后卫收容,前面掉队的和后面大队混在一起,拼命地赶路。

最讨厌的是草地的烂泥潭,远看像一堆水草,人和骡马走过去,一不小心,掉进去就越陷越深,救都救不出来。

侦察连六班长崔华义同志,江西黎川县人,二十五岁,陷入了泥潭,我们收容队十多个同志千方百计地抢救仍无效。崔班长为革命牺牲,我们在白茫茫的草原上为他开了追悼会。

荒草泥泞,路越来越不好走。向左侧看到电台摇机员也走不动了,我们赶紧组织几十名同志,帮助他们背枪,背干粮袋,减轻他们的负担,保护电台机器安全过去。

司令部和野战医院的十几个炊事员,挑着伙食担子艰难地走着。他们的任务比谁都重,每到宿营地,同志们都休息了,他们还要烧水做饭。当看到有些瘦弱的战友倒下时,他们难受极了。我担任收容队长,看到战友们倒下了,心里更难过。我跑前跑后，招呼医生和卫生员拼命抢救。没有药品，医务人员只好推拿按摩，进行急救。有的病号按摩无效，很快就停止了呼吸。我们的眼泪像珠子一样滴在战友的遗体上。草地不能久留，只好忍痛告别战友的遗体，扶着那些还有一口气的同志，拉一步走一步，顽强地向前迈进。

草地里，没有地图，没有向导，迷雾满天，有时围着草地推磨子、转圈子，前卫成了后卫，后卫又成了前卫了。晚达达西多奇草地东山原始森林里露营，行程约五十多里。

八月二十五日　阴雨

这几天不是下雪就是下雨，给行军带来更大困难。

清晨出发，部队刚走到班佑河花滩，发现右侧敌人骑兵一个多团向我冲来。我一师一、二团展开战斗，打了半个小时，分三路向敌人包围过去，打死打伤敌一百五十多人，缴获五十多匹战马。

晚达嘎德纳合东山（海拔3637米）的森林边露营，行程六十里。看到徐向前、陈昌浩骑马前进。今午后还看到张闻天、李德骑马随纵队右侧前进，看样子李德没有病。

粮食和野菜吃光了，饿得没办法。炮兵连炊事员苏清伍同志说，穷人过年过节买不起肉，就捡财主丢掉的猪皮煮汤吃。他一提醒，大家就把牛皮带、枪皮带、旧牛皮鞋用水泡后煮了吃。我的皮包装过盐，煮好后吃起来还挺有味道，有的同志开玩笑说：

"真像墨鱼炖鸡的味道。"许多同志因病、伤、饿，只能眼睁睁地看着他们倒在路上，实在悲痛！

八月二十六日　阴雨

进入草地第四天了。

清晨出发，到分水岭东南宿营，究竟走多远无法正确计算。好多单位都没有粮食了，菜和肉干也吃光了。军团政治部民运部有位干事，过分水岭不久，就突然倒在草地牺牲了。

草地的水因为长年泡着腐草，又黑又臭又有毒，根本不能吃用。口干得要命，有的喝了几口，肚子马上发胀，甚至胀死。脚上被草根刺破，毒水一泡，就红肿溃烂。

炮连神炮手吴民选班长，江西于都县人，十四岁参加红军。他肚胀、脚肿，两天没吃东西了，走不动，战友们轮流背，背不动，就用木架当滑车拉。这样坚持了两天，实在不行了，他快咽气时拉着我的手流着眼泪说："总支书，你们快走吧，不要管我了，快跟着毛主席打出去，有空时给我家去封信，告诉我妈妈、哥哥、姐姐，叫他们好好活着，工农革命一定会胜利的。"

侦察连三排战士张伍才，福建人，二十五岁，刚进草地时，是尖兵班的开路先锋，昨日掉队，饿得头昏眼花，半夜追赶队伍，陷在烂泥潭里，无法出来，光荣牺牲。

工兵连三排副排长，是位非常好的同志。一路上，他为老弱病残的战士背枪，搀扶病号行军，可自己太累了，在路上稍一休息,就中风致命。

警卫连战士卢堂宝,江西兴国县人,十九岁,参加过中央苏区第二、三、四、五次反"围剿"。这次过草地,因吃草蘑菇中毒牺牲。

天黑后,一军团前指在桑白抬合东山(海拔3543米)的森林边露营。军团聂政委找我去汇报军团前梯队四天过草地的情况。我说:"根据十四个单位统计,已掉队二百五十人,牺牲一百二十多人。"大家十分难过。聂政委指示:越是困难的时候,越要注意发挥党支部的堡垒作用。没有粮食,就拔野菜、选野菇、割皮带吃,担子挑不动就丢掉吧。实在不行时,骑的骡马也可以杀掉吃。

红军长征途中吃过的部分野菜的标本

许多掉队的战士,连病带饿,有的连拔野菜、选野菇的力气也没有了,看了心里实在难过。四个军团在这草地上,困难实在多。前面的部队把野菜、野菇吃光了,后面的部队就没有什么吃的东西了。有的同志实在饿得没有办法,看到前面部队拉的屎里还有没消化的青稞麦,就一粒一粒拣出来,用水洗干净,再用茶缸煮了充饥。

半夜，通讯连汇报，三个通讯员和一名炊事员吃野蘑菇中毒，有的快要断气了，有的浑身发紫，得赶快抢救，并通知大家注意。

八月二十七日　阴雨

今天是草地生活第五天了。晨出发，经佑括合进到若隆嘎附近宿营，行程六十里。饿得头昏眼花。听说还要两天才能走出草地，真急人！

午前有两架敌机窜来捣乱，草地无处躲藏，让它去。

军团直属队已掉队三百多人，牲口也死了不少，许多重物淤陷在草地。

工兵连二排长丁华齐陷入泥潭里，刚喊救命，转眼就被深泥潭吞没。

一军团前指晚在求吉南哇分水岭（海拔 3659 米）西山处露营。

晚上，同警卫连连长尹国赤同志等在一棵大树下过夜。尹连长说，七班长高才秦，江西于都县人，过草地挖野菜时被毒蛇咬伤，中毒身亡。他临死时讲："你如能出去，请写封信给我家，我是为保卫苏维埃红旗而死的，请家里人不要难过。"

八月二十八日　阴雨

我因收容工作拖累，走不动了，今天也掉了队，幸亏王干事的帮助，我总算走过了这艰苦的草地。

中午，在雾中看到毛主席、周副主席等中央首长也走过了草地，心里可高兴了！此外，还看到十九分队萧文玖政委跟两个掉队战士。

为了苏维埃，为了北上抗日，我们度过了不平凡的六个日夜。不管蒋介石如何围追堵截，不管草地如何艰苦，也阻止不了英勇的红军前进！

我振作精神，继续赶路，半夜到了班佑，看样有七八十户游牧民房子。这里的房子很矮，就像南方的禾稻堆一样。进去一看，里面只有几堆牛屎，空荡荡的，再一看墙也是牛屎堆的，好在不臭。我们就住下来，用牛屎烧火。住牛屎房，用牛屎烧火，真是大开眼界。

★ 专家解读 ★

红军长征途中经过的草地凶险异常，天气变幻莫测，草地上河沟交错，水面是黑色的，喝了会肚子发胀甚至中毒而死，脚下是经年累月形成的泥潭，一旦陷进去就很难爬出来。

对草地行军的困难和危险，尽管红军事先做了充分的研究，但进入草地后所面临的困难还是远远超出了人们的想象。战士们的身体虽然被草地折磨得衰弱了，但精神上依然保持着昂扬的斗志和对革命乐观的态度，很多官兵即使在生命的最后一刻，仍然念念不忘革命。

十四、批判张国焘,继续再北上

一九三五年

八月二十九日 晴、雨

晨出发,经过一个小岭,向东山细看,遍山是国民党修筑的堡垒,蒋介石竟然把碉堡修到草地边上来了。我红二师在班佑击垮了胡宗南的一个前卫营。沿途宣传棚大声喊叫:"同志们,党中央、毛主席已胜利过完了草地,我们跟着党中央、毛主席使劲地走啊!草地难不倒铁的红军!"

听说党中央在巴西召开政治局会议,批判了张国焘分裂党中央、分裂红军的罪行,决定率一方面军一部迅速脱离危险区,向陕北前进。

八月三十日 雾、晴

一军团直属队进到阿桌乡,听说四方面军不北上了,留在原地休息。我们一方面军继续北上,经卓藏、甘沟,翻过大山到高寨，走了七十五里，在那里的破房子里宿营。人十分疲劳，腿没有劲，直属队掉队的人很多。

我同曹如学当收容队，招呼掉队的同志。十九分队武兴秋同志背着无线电走不动，掉了队，不幸牺牲了。

八月三十一日　晴

晨七时出发，经勾结寺、扎阿喀到卡坝巴西宿营，行程六十里。这里有三百多户人家，由于反动派欺骗宣传，藏民都吓跑了。军团政治部通知：各单位要筹足七天粮食，筹粮时，要严格遵守"三大纪律八项注意"，群众不在时一定要打借条。筹到粮食后，我们拣最好的送给毛主席、周副主席。

卡坝有座大喇嘛寺，要住人的话，起码住一个营，如果挤一挤，可住一千人，但是，为了执行党的民族政策，我们宁可在外面淋雨，也不能进去住。

晚，参加军团政治部部务会议，朱主任较详细地传达了党中央在巴西召开的政治局会议精神。巴西会议进一步揭露和批判了张国焘分裂党和红军的罪行。中央决定脱离危险区域，继续率领中央红军向陕甘前进。张国焘继续坚持他的机会主义路线，给红军以极大的损害。为了等待张国焘北上，红军在藏区周旋了三个月。如果第一次过草地，一直走下去，不返回毛儿盖，就不会有第二次过草地时牺牲那么多阶级兄弟。

九月一日 阴

在卡坝毛龙村休息，一面筹粮，一面把掉队人员整顿归队，准备新的行动。

午，到司令部了解支部工作情况，在警卫班听杨思明、盛子华同志汇报思想动态。

这时，听到隔壁房内毛主席、周副主席正在同军团领导同志谈话。首长们谈话声音很清楚，原来张国焘在左路军留了朱总司令、刘总长，停在卓克基，迟迟不到巴西来会合。中央几次电令催张国焘实行预定计划北上，他不执行，反而打电报给中央，要右路军全部南下，第三次过草地同他会合。毛主席镇静地说："人家要南下，就让他走吧！我们仍要北上抗日，历史会证明谁是机会主义的！"为减少目标，脱离危险境地，迅速北上，毛主席提议将一方面军一、三军团、中央纵队、干部团合组成陕甘支队。

晚，军团开会，左权参谋长传达中央决定，布置全军继续北上的工作，大家热烈拥护。

九月四日 晴

我们紧张地进行出发前的准备工作。军团直属队召开军人大会，检查纪律。工兵连二排长孙胡才，多吃了点粮食，又丢了二十斤麦子。在此困难情况下，粮食是生命，太不应该了。为严明纪律，军团首长决定从严处理。

晚上，直属队总支开会，朱瑞主任、谭政部长、刘原部长、罗荣桓副主任参加了会议，主要是批评供给部赵尔陆部长的本位主义。赵部长是参加过井冈山斗争的老同志，我是年轻的总支书记，心里有点打不开情面。最后，我还是鼓起勇气，主持了会议。老部长们都带头展开批评与自我批评，坚持原则，不讲情面。赵部长虚心接受了同志们的批评，值得我学习。

九月五日　晴

晨出发，经植核、莫车、客司格到达俄界宿营，行程七十里。党中央、毛主席领导我们一军团迅速北上，可怜四方面军的战友被张国焘拖住要第三次过草地，真担心朱总司令和刘总长的安危！

沿途遇到一些反动武装偷袭我们，向部队打石头，曾政指差点被打死。红二团团长龙振文打仗很勇敢，却被藏民中反动武装用石头活活砸死，真可惜呀！大家心里都很难过。

一路上，我们积极宣传党的民族政策。我们深信，暂时受反动派欺骗的少数民族，是一定会觉醒过来的。

九月十二日　晴

晨出发，经巴拉奠、岸哇、纳告到阿夏乡宿营，行程八十里。这一带青稞麦长得较好，筹粮比较方便些。三军团还在我们后面，要发扬友爱互助精神，筹的粮食，除一部分自己吃外，其余留给三军团用。

晚，朱瑞主任再次传达党中央九月十一日为贯彻军委战略方针，再致张国焘令其即行北上电。电报的主要内容是：中央再一次指令张总政委立刻要左路军向班佑、巴西开进，不得迟误。中央已决定右路军统一由军委副主席周恩来同志指挥，并已令一、三军团在罗达、俄界集中。

九月十三日　晴

晨出发，经大粒寺到墨边小河，据说这里是黄河的发源地之一。再到三尔卡、高龙工巴、沟甲寺宿营，行程七十里。这里的喇嘛寺很雄伟，但红军不能住。传刘湘军阀已向川北迂回。我们要抢在敌人调动前头，抓住机会狠打胡宗南、鲁大昌、刘湘军阀。

九月十四日　阴雨

在阿夏乡麻牙寺就地筹粮食。这里也有大喇嘛寺，为尊重民族风俗习惯，执行红军纪律，我们宁愿在外面露营，不能进去。因受反动派欺骗宣传，藏民还在山上喊："呀罗！呀罗！"要杀红军。我们借粮食后，都留下条子。

这种借粮是没有办法的办法，我们一边吃，一边心里难过。

朱瑞主任在军团政治部传达：最近，党中央在俄界召开了政治局会议，讨论了北上先遣支队的任务与到达甘南后的方针，要求在政治上进行深入的动员，坚固地团结部队，爱惜干部，战略战术要加倍小心，行动要迅速，迎接左路军，继续北上。会议再次指出张国焘违抗中央命令的严重错误，并责令他立即改正。到会同志坚决拥护党中央、毛主席采取的果断措施。

九月十五日　阴雨

晨出发，经乌山到阿湖担、大浪、旺藏，过白龙河，红二师在乌山以西朵庄击溃甘肃军阀鲁大昌一个多团的进攻，歼灭其一部，占领朵庄，俘敌百余人，缴获战马五十多匹。红一师在前进，到长浪寺等处宿营，行程五十里。据说离甘南已经不远了，好高兴！

九月十六日　晴

前卫红二师已打到腊子口。我们急起直赶，经麻牙寺、花园乡、水泊沟、代古寺、洛大乡，渡白龙河支流，到云川里宿营，行程九十里。沿途消灭甘肃军阀鲁大昌一个营。过了这一带高山，就是平原区了，胜利在望。

九月十七日　阴雨

晨从云川里出发，到娘娘庙宿营。再下去就是大平原了。三个月来，我们都在九霄云雾中生活着，今天打出来，战士们多高兴！

腊子口，是藏川青甘四省交界地，脊梁高峰海拔 3100 米，地形十分险要。白龙河、二兆河等三条河流在这里汇合，两边都是悬崖峭壁，只有一座小木桥，真是天险！甘肃军阀鲁大昌布置了三个团的兵力防守。前卫红二师四团正在组织突击队，准备攻打腊子口。

九月十八日　阴雨

昨晚红二师攻下了腊子口。

《战士报》刊登消息说，红四团在康多打垮鲁大昌军阀一个营，白军见到红军，撒腿就跑。红军缴到很多物品，还活捉十四师一名营副、一名营医官等二十多人。他们让俘虏兵带路，向腊子口前进。午后四时，听到从前方传来的枪声，俘虏说，离腊子口不远了。

晨，我随军团首长沿白龙河向哈达铺前进，到河法宿营，行程九十里。通过腊子口，还看到敌人几十具尸体丢在三角河滩上。

九月十九日　晴

红二师击溃鲁大昌匪军，正在追击。一军团直属队前后合拢，沿山向东北前进。晚到千家沟宿营，行程八十里。

九月二十日 晴

晨出发，经岷山山脉，过干树沟、花北坡、晴条、新寺沟，到鹿元里宿营，行程七十里。在山腰休息半小时，向松潘地区告别了！草地呀，草地！我们没有被你困死，我们胜利了！红军万岁！

腊子口战役纪念碑（田竞 供图）

九月二十二日 晴

晨出发，沿岷山山脉前进，下山到哈达铺宿营，行程七十多里。遍地长着"长须草"，就像我们南方稻田里的稗草那样，后来问老乡，才知道这就是北方的小米子。

中午在田边，忽然看到一条毛茸茸的大"狼"朝我蹿来，我一急想拿手枪打。一个老乡急忙说："红军老总，打不得，打不得，这是驴子。"他笑了，我也笑了。南方很少见毛驴，看样子真瘦，像大灰狼。毛驴会耕田，是农民的好牲口。

晚上，打了几家土豪，改善生活。这里的老百姓家家都有土墙砌的炕床，小矮桌摆在上面，吃饭也在上面。我同罗荣桓、邓小平、谭政等首长坐在一起吃辣子炒鸡，怎么边吃边感到屁股上发热？老乡说："这是火炕啊！"我这个南方佬第一次坐火炕，觉得很新奇。

军团通告：部队在这里休息，收容掉队人员，筹备粮食，进行政治动员，总结过松潘地区的经验。筹粮时，停止向群众打借条的办法，仍向地主要粮。军团再三要求，严格执行"三大纪律八项注意"，坚决执行党的政策，密切军民关系。

看到《战士报》登载红二师四团攻打腊子口的英雄事迹，十七日深夜，月色朦胧，除水声枪声外，一切都很静寂。四、五连夜摸敌人阵地。第一营的红色指战员们，夜半涉河攀登右边高山悬崖绝壁，奋不顾身（有的跌死），特别是一连连长毛振华同志，只带两三个人，绕至敌人后侧，胜利地打垮了固守第一线的敌人。接着，六连随着胜利的号音，猛追到敌人最后退守的据点。这时，二、五连的同志们迅速抢上，爬上险峻的高峰，把一营敌人消灭在石壁下。就这样，腊子口被我军占领了。

★ 专家解读 ★

红军过草地时，以中央红军为主的右路军率先过草地。不料，中央红军过了草地后，张国焘却找各种借口，拒绝执行党中央的命令，不再北上。最后，原红四方面军遵照张国焘命令再次过草地南下，刚刚会师不久两大主力红军分裂为二。

约一年后，南下的张国焘在广大红军指战员的强烈呼吁下，被迫取消自己另立的"中央"，率军北上。

十五、哈达铺听毛主席报告

一九三五年

九月二十三日　晴

　　一方面军在哈达铺关帝庙召开团以上干部会议,毛主席做政治报告。他说:"张国焘看不起我们,说我们是机会主义,我们要北上,他要南下,究竟哪个退却,哪个是机会主义?我们不怕骂,我们要抗日,首先要到陕北去,那里有刘志丹的红军。朱德、刘伯承等同志是支持北上方针的,四方面军的广大指战员也是赞成北上抗日的,我相信他们会回来的。我们目前人少一点,目标就小一点,我们组成了陕甘支队,由彭德怀同志当司令员,我来当政委。大家用不着悲观,我们现在比一九二九年初红四军下井冈山时的人数还多哩!胜利是属于我们的。"

　　毛主席笑着说:"现在要提醒大家一点,就是在松潘地区找不到人,只好自己找粮食吃,在那种条件下,不这样做也不行哪!现在到白区行动,仍然以打土豪为主,吃地主的,不能侵占工农的利益。"

毛主席还说:"我们已经战胜了一个天然的敌人,雪山、草地的困难克服过来了。然而,在我们面前,还有更艰巨、更困难的任务。民族的危机在一天天加深,我们必须继续行动,完成我们北上抗日的原定计划。我们主张停止内战,但是国民党至今还不接受我们的倡议,仍在集中大军来压迫和阻止我们,我们一定要认真对付。"

毛主席用洪亮的声音号召:"经过两万多里长征,久经战斗、不畏艰苦的指战员们,你们一定能够以自己英勇、顽强、灵活的战略战术,和以往的战斗经验,来战胜一切困难!同志们,胜利前进吧,到陕北只有七百里了,那里就是我们的目的地,就是我们抗日的前进阵地!"

到陕北去——哈达铺红军长征纪念碑(田竞 供图)

毛主席的指示使我们信心百倍。晚上会餐,吃了一顿红烧肉。

红军进行整编:红一师、五师编制取消,六团、三团、十二团、十四团合编为一、二、四、五、十、十一、十二、十三大队;红二师加二团保持;红四师保持独立大队,一、十三大队;

一、三军团机关、中直,改为陕甘支队,一军团为一纵队,三军团为二纵队,中直为三纵,全支队一万人左右。

九月二十四日　晴

午前到南沟,打了两家土豪。他们把粮食和猪都藏在洞里,农民带我们去,捉回四头猪,挑回七千多斤麦子,分给农民两千斤,发动农民组织起来,打土豪建政权,组织红色游击队,同国民党干。

晚上到工兵连参加战士座谈会。严雄政委讲,我听了传达,毛主席的讲话总结了将近一年来白区斗争的经验。打到陕北去,有个希望,对全连鼓舞很大。长征是大海游泳,不知翻了多少跟头,喝了多少口水,但我们跟着毛主席终于游过来了!战士胡卿汉说:"如果张国焘不另搞一套,我们早到陕北了,该有多好!"二排长崔洪才说:"我看张国焘怕苦,总想打回四川老根据地去,哪能打回去?"九班小刘说:"我就是吃不惯这地方的小米,一顿饭把牙齿缝都塞满了。有白面也不会做,光吃糊糊疙瘩。"炊事班长老罗说:"前十一个月的白区行动,我们炊事员可急坏了,锅未架好,脚又要走;饭刚煮好,连队又要出发,战士们连吃顿饱饭的时间都没有。"一班老崔说:"我们这次大出征,从南到北,是次大野营,大翻地,大播种,把中国人民都翻醒了!途中,我们有许多阶级兄弟掉队牺牲了。我们连从江西出发时是一百五十人,现在只有七十多人了。"连部小林最后发言。他说:

"不管东南西北，党中央、毛主席到哪，我们就跟到哪。吃小米、大米都是小理，能抗日救国，打出个新局面，这才是根本大理。我们要的是共产主义。"

听了战士们的发言，我既感动，又高兴。我们战士的觉悟真高呀！

同一军团政治部民运部萧克（后改名萧望东）、朱尊彬等同志打了两家土豪，搞到些烟叶和香烟，送给军团的一些首长，这些同志过雪山草地连烟也抽不上。打土豪得来的五只鸡、四只猪，用来改善部队的生活，让大家吃饱，好继续北上。邓小平部长的公务员是四川人，会炒辣子鸡，大家吃了都称赞炒得好！

下午，各团传达哈达铺会议精神，要求大家鼓起劲来再走七百里，到陕北去！

九月二十五日　晴

晨出发，经赤门拉、旗堡寺、闾井到钻龙宿营，行程六十里。陕甘支队开始向东山行动到陕北去。

我到警卫连检查执行纪律情况，该连纪律一直很好，但最近民运部门了解，该连比较散漫，到个地方不挖厕所，不扫地，应予纠正。

大家表示，要在七百里征途中，坚持党的政策，执行红军纪律，让沿途广大工农群众都知道红军是穷人的队伍。

九月二十六日　晴

一军团为前梯队，红一、四团为后卫，在林军团长、聂政委、左权参谋长、朱瑞主任、袁国平局长带领下，向甘南地区进发。几天行军，吃粮不慌了，就是没有蔬菜。炮营逃跑一个班长，侦察连跑了个炊事员，究竟是跑了还是掉了队，要进一步弄清。

到了哈达铺，中央红军终于有了难得的休整时机，将红军整编为陕甘支队。此地汉、回杂居，对红军十分拥护，筹粮变得相对容易，这让红军指战员备受鼓舞。由于之前的行军太过艰苦，为补充战士们的体力，红军总政治部特别提出"大家要吃得好"的口号。

正是在此地，红军抓到一个国民党军的少校俘虏，从他随身携带的报纸上得知，陕北有刘志丹和徐海东的红军。中央红军虽说之前确定的方针是北上建立川陕根据地，但对具体到什么地方并没有确定，得到这条消息，他们目标清晰起来：率陕甘支队到陕北苏区与刘志丹的红军会师！

十六、过西兰公路，跨六盘山

一九三五年

九月二十七日　晴

　　我带工兵连、警卫连随聂政委、左参谋长行动，从钻龙出发，到安远、礼幸一带宿营，行程七十里。中途，看到毛主席、周副主席等首长风尘仆仆，和大家一起行军。

　　通过西兰公路时，遇敌机低飞俯冲，我们用步枪、机枪向敌机开火，把敌机吓跑了。红一团和军直侦察连、警卫连、工兵连急袭通渭城。这城三面环山，西靠渭河，约有万余人口。我军消灭鲁大昌军阀守兵和伪保安团三百多人，迅速占领该城。在城里没收了几家当铺，筹了不少粮食。

　　按今天行军速度，十天就可到陕北。蒋介石的动作也很快，已在甘谷峪、天水、宝鸡线调集二十万军队，组织新的防线，但我们红军的行动更迅速，早已通过通渭，向宁夏六盘山进军了。毛主席把蒋介石指挥得团团转。

九月二十九日　晴

昨夜，炮兵连战士廖丁林来报告，说他们有个干部想离开炮兵连。我把这一情况向朱主任等首长汇报了，首长们要我好好看着。这一晚，我和曹如学一直未睡。后来廖丁林又来报告，说这个干部睡得挺甜，看样子不会跑了。这时，我才回军团政治部去睡觉。不一会，就被起床号惊醒，立即出发，经碧玉到白果洁宿营，行程七十五里。这一带群众住的都是窑洞，可以防空，敌机狂轰滥炸，我们也不怕。沿途工农群众看到红军，不但不跑，还协助红军捉土豪。

九月三十日　晴

晨六时出发，我同曹如学随军团直属队赶路，到隆德县宿营，行程八十里。到陕北的七百里路程，我们已经走了四百里了，六盘山就在面前。六盘山地区包括宁夏的吴忠县、平凉县，听说这带过去是陕北红军的根据地，后来由于"三马"军阀（马鸿逵、马步芳、马鸿宾三个军阀）的"围剿"，才变成了游击区。

十月一日　晴

晨七时出发，我随野战医院行动。该院还有七十五人，女同志都丢光了。现有党员五十六人，其余大都是团员，只有五名群众，其中有两名是刚参军的回族青年。

中途在扶杨城大休息，召开支部会，布置到陕北后的工作。晚到宋杨家宿营，行程七十里。我们已进入了新的地区，想到四方面军在张国焘的把持下，可能还在那里爬雪山，真急人。

十月二日　晴

晨七时出发，经草庙进入蒲河、七星嘴宿营，行程六十里。胡宗南军阀跟得可快，红五团在豫旺堡南同"三马"军阀骑兵遭遇，我军英勇抗击，打得敌人不敢前进。我军四个支队已赶到庆阳、固源地区来了，再多的白军也不怕。

我军已踏进陕北前门，大家情绪很高，尤其是警卫连劲大，吴岱同志对团支部的活动抓得很紧很好。

军团首长指示，要特别注意军民关系，严守"三大纪律八项注意"。筹粮筹款，主要是打土豪地主，没有土豪地主时，就要用钱买粮，没有钱，就要打借条。要注意尊重兄弟民族的风俗习惯，回民不吃猪肉，我们杀猪就要回避回民。历史上民族压迫厉害，互相残杀，造成民族隔阂，今天我们要消除隔阂，搞民族团结。

骑兵排要挑选一批战士，进到北方，骑兵要大发展。国民党二十万人马在西兰公路、六盘山围堵我们的计划必然破产。这半个月来，有些革命意志不坚定的摇摆人物，被雪山、草地的困难吓坏了，开小差逃跑，那是不光彩的。大革命失败后，不是也有不坚定分子逃、散、消、息吗？后来怎么样，这些泥沙渣滓甩掉了，革命照样前进，苏维埃照样胜利！

首长还指示我们总支要注意各支部的活动，从现在起，每天行程不会太长，有较多时间进行政治时事教育，把士气鼓起来。

十月三日　晴

晨七时出发，经白杨家掌到白沟宿营，行程九十里。向前进一里，到目的地就少一里，大家感到心松脚轻。

毛主席讲，到陕北七百里，现在已经走了五百多里了，胜利在望，部队情绪很高昂，盼望早点看到刘志丹的红军。

十月四日　晴

晨八时出发，过六盘山到岭镇、白杨城，过奶水到开边宿营，行程七十里。问老乡，知道快到陕北了，到目的地的愿望快实现了，大家高兴地说，毛主席说话就是算数。

军团主力进到延圣庙，同胡宗南的二十四师七十三团遭遇。我团占领阵地，掩护

萧锋长征途中在六盘山留影
（摄于一九三五年十月）

全队通过西兰公路，打死打伤敌百余人，俘敌百余人。

十月五日　晴

晨出发，经提沟、孟镇、唐家源子到半个城宿营，行程七十里。

昨夜，军团测绘班在一个姓刘的参谋唆使下，开小差了。我同苏静同志带警卫连便衣排追了半天没有追到。聂政委很生气，要我和司令部王集成、曾民等同志很好检查一下支部工作，找出原因。

军团首长决定在这里休息一天，进行整顿，收容掉队人员，整好军容风纪进苏区。

老乡告诉我们，有一支红军曾到这带活动过，土豪都被打光了。我们看到破窑洞的矮墙壁上确有标语的痕迹："打土豪分田地！""苏维埃万岁！""共产党万岁！""红军万岁！"对了，肯定是陕北红军写的标语。我们的落脚点快找到了，毛主席计划的抗日阵地快到了，大家既激动又高兴。

十月七日　晴

晨七时出发，在朱庄、铁边山遭敌机偷袭。在南山下，我一、四支队同东北军两个骑兵连遭遇，歼灭了这股敌人。一、三支队进到凯城，又同胡宗南的二十四师七十二团遭遇，将敌打乱，俘敌四十多人。蒋介石不抗日，把东北三省卖给日本帝国主义,把东北军调到西北来,和西北军一起阻止红军北上抗日。蒋介石是地地道道的汉奸卖国贼。

军团首长命令一、四支队在青石嘴坚决打垮阻击我军前进的敌人。一、四支队奋勇抗敌,消灭东北军骑兵师十三团两个连,缴获敌人一百多匹骡马,大家高兴极了!

晚,左参谋长亲自到一支队去,要他们将缴获的战马交给侦察连。我立即找到侦察连的刘云彪连长,叫他们马上派人到一支队去牵马。从此,侦察连改成了骑兵连。

二支队在古城击溃敌三十五师一个营,歼敌两百多人。西北敌人骑兵多,不小心就要吃亏。

十月九日　晴

一支队在虎家台击溃胡匪一个团,经高岸、通清水河、王团庄到张家湾宿营,行程七十五里。

这里有个豫旺游击大队,经常在这一带活动。

★ 专家解读 ★

进军陕北的目标确定后,意味着一年来红军东奔西走终于有了落脚的地方,红军指战员群情振奋。毛泽东也十分高兴,在通渭镇写下了那首著名的《七律·长征》,这首诗既描写了一年来的艰辛历程,体现了红军藐视一切困难、大无畏的革命英雄主义精神,也表达了长征胜利在望的喜悦。

十七、到达陕北吴起镇

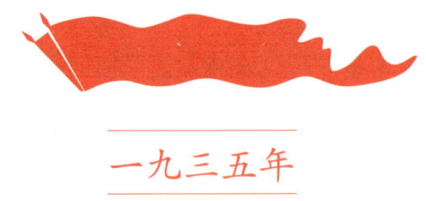

一九三五年

十月十一日　晴

晨出发,我四、五支队在山岔以东山地,抗击敌军三个团的进攻,我边打边退,东北军、西北军、"三马"军阀、胡宗南主力都围堵到豫旺堡、山城堡、环县、洪德附近,想寻求同我主力决战。条件不成熟,我们就不乱打,一切算盘都在毛主席、周副主席心里。军团直属队经冯家庄、岩于底、蔡口集到苦水常宿营,行程九十里。现在我们已经靠着陕北地界了。

朱主任收到陕北红军独立师欢迎中央红军北上抗日通电。通电说:我陕北红军独立师热烈欢迎中央红军北上抗日,愿做红军抗日先遣队的敢死队,与日本帝国主义直接宣战,用实际行动欢迎红军北上抗日,巩固抗日的西北阵地。

看到这一通电,大家都十分高兴,与陕北刘志丹的红军就要会合了,我们盼望的一天就要来到了。

十月十三日　晴

晨出发，经半个城、郝寨、新营湾到庙圪沟、樊家川、椿树庄宿营，行程六十里。老乡们说，刘志丹的红军来这里打过土豪，建立了区苏维埃政府。

我们中央红军出征快一年了，终于来到陕北苏区，找到了落脚点，战士、干部们无不高兴。大家都说，党中央、毛主席说话就是灵，说再走七百里到陕北，就是这么远。说有刘志丹的红军，真有刘志丹的红军。原来有些半信半疑的同志，现在也不怀疑了。

半个月来，环境好转，但也有少数不坚定分子脱离革命队伍。有的人在环境艰苦时没有跑，环境好一些的时候却跑了，也是经不起考验。个别人走了，多数人更团结了。不过，我们做政治工作的，还是要认真检查一下，看看哪些方面还做得不够，因为革命总是多一个人比少一个人好。

十月十五日　晴

晨出发，经泼肖到古寨宿营，行程六十里。马鸿宾军阀的骑兵追上来了。我一、二支队在杨源附近阻击敌三十五师四个骑兵团，击溃一部，俘敌一百多人。保证党中央、毛主席、彭司令员率领陕甘支队向陕北胜利前进。

十月十七日　晴

晨出发，经铁边城到田寨宿营，行程七十里。这一带全是荒山，人烟稀少，隔好远才看到几户人家。老乡们都让国民党军阀害苦了。

十月十八日　阴

晨出发，经庙口到元城宿营，行程七十里。听老人们说，这里在很久以前，原是甘北重镇，人很多，后来，几乎被官兵杀光了。到元朝时，又有几千户人家。明末李闯王领导的农民起义军，曾在这一带活动过，因而遭到明朝反动官兵大屠杀，血洗几百里。人民是杀不绝的，这里的回、汉等民族依然存在。

吴起镇旧址

十月十九日　晴

晨七时出发，经老爷山石头沿东西大川、戈沟门、榆树台、陈岭、齐坡、关园子、沙堆子到达吴起镇宿营，行程九十里。

走进吴起镇，看到一间破窑洞的门口，挂着区苏维埃政府的牌子，我们总算到了陕北根据地了。

吴起镇在洛河东岸，是个山沟小镇，这里沿洛河可通延安，北通三边。

左参谋长指示，要我带领警卫连、工兵连在吴起镇保卫毛主席、周副主席等中央首长。接受这个光荣任务，我非常兴奋，立即到警卫连，向尹国赤连长交待任务，将部队分布在王土台、杨成子、白石嘴、贺石湾、后街等处警卫。西边有炮声，可能是后续部队在反击追敌。我要工兵连向中南、洛河、程市湾等地警戒。

毛主席住在吴起镇一个小球场南面的窑洞里。我布置完警卫后，来到毛主席的住房。他和蔼地招呼我坐下，说："同志们辛苦了！"我说："主席，你更辛苦！"接着，毛主席高兴地谈起了长征的情况。他说："我们长征十二个月零两天，共三百六十七天，战斗不超过三十五天，休息不超过六十五天，行军约二百六十七天，如果连夜行军也计算在内，就不止二百六十七天了。"他指着地图说："你看，我们走过了闽、赣、粤、湘、桂、黔、滇、川、康、甘、陕，共十一个省。根据一军团团部汇总，最多的走了二万五千多里，占领了几十个中小城镇，筹款数百万元，扩红数千人，建立了数百个县、区苏维埃政府，还建立了许多地方武装和群众组织。我们走遍了五岭山脉、苗山、雷公山、娄山、云雾山、大凉山、六盘山等。渡过了于都河、信丰河、潇水河、湘江、清水江、乌江、赤水河、北盘江、金沙江、大渡河等。经过了苗、瑶、彝、藏等兄弟民族地区。我们完

吴起镇中央红军长征胜利纪念碑（田竞 供图）

成了空前伟大的远征，这是历史上从来没有过的呀！自从盘古开天地，三皇五帝到如今，只有我们红军才有这个气魄，才有这个决心！长征苦是苦，可作用大，向全世界宣传红军是英雄好汉，蒋介石反动派是没有用的。"我越听心里越亮堂。

从毛主席的住房告辞出来，路过周副主席的住房时，警卫人员说，周副主席到连队里去了。

十月二十日　晴

军团首长要我去请示毛主席，问明天的行动。我到毛主席住的窑洞后，将军团首长的请示报告了毛主席。毛主席看了下地图

对我说："你回去告诉林军团长、聂政委、左参谋长，明天不走了，在这里休息两天，收容掉队人员，把伤病员送交地方苏维埃政府，要注意与地方搞好关系。"停了停，毛主席又说："通知你们军团首长，请把骑兵连调来，我同周恩来同志要到瓦窑堡去，这样行动比较快些。"

晚返军团司令部，向林军团长、聂政委、左参谋长汇报了毛主席的指示。听一些同志说，刘志丹同志被机会主义分子诬陷关起来了，毛主席要亲自去解决这一问题。

十月二十一日　晴

八时送别了毛、周、王[①]正副主席。军团通报，我红二、四师和三军团在河湾柏坡、杨城子、岸窑间、前桥、李新庄间分别阻击敌三十五师、三十六师的四个骑兵团，击溃其一部，俘敌数百人。

左权参谋长命令警卫连、工兵连拔掉吉驼山的白钉子，以解除对吴起镇苏维埃政权的威胁。警卫连很快就拔掉了这个白钉子，还打了几家土豪，把浮财分给老百姓。指战员们非常注意"三大纪律八项注意"。中央红军一到陕北，就给陕北人民留下了很好的印象。

---

① 王：指王稼祥。

十月二十二日　阴

　　上午八时出发，沿洛河南下，经宗疙堵、马家湾到金汤宿营，行程六十里。途中，在土佛寺看到了陕北红军的后方医院，战士们看后感到亲切，这回受伤后有地方养伤了。

　　陕北苏区老百姓很穷，穿不好，吃不好。我们有些人到了这里泻肚子，有点不服水土，不过，比过草地时要好多了。据说这里有盐山，盐很多。江西中央苏区要是有个盐山，那该有多好啊！

十月二十四日　晴

　　上午九时出发，经金汤、胡兴庄到腰子川宿营，行程七十里。听说一支队已包围甘泉城，毛主席、周副主席等中央主要领导人已安全到达瓦窑堡。

　　沿途群众都热烈迎送中央红军。这一带是老苏区，各级党组织和政权机关比较健全，贫苦群众都分到了田地。

十月二十五日　阴

　　晨七时出发，经塔石川、桥镇，翻了个平原山，到套塘口宿营，行程七十里。这一带都是小平地，能种小麦、玉米。

　　据套塘口区苏维埃人员说，这一带是刘志丹等同志一九二八年领导渭南、华县暴动后，转移到陕北建立的根据地。到一九二九年，就建立了县、区、乡级苏维埃政权。套塘口村有二百四十八户人家，共一千四百余人，其中党员四十二人，团员五十四人。平均每人分地五亩。老百姓很穷，但斗争很坚决，有八个穷苦工农参军。

十月二十六日　晴

刘志丹同志领导的陕北红军在陕北人民支持下，筹集了一批羊皮衣，给我们每人发了一件，这下够暖和了，无限感激陕北军民和刘志丹同志。我这个南方人还是第一次穿上羊皮衣，觉得很新鲜。

午后，军团召开政工会议，研究全军团召开运动大会。为了提高政治、军事技术，整顿纪律，准备粉碎国民党对陕北苏区的三次"围剿"，利用空闲时间进行军政和体育比赛，推动工作，改变作风，实在有意义。

我们军团直属队要向先进学习，争取优胜，决不落后。

十月二十七日　阴

午前召开直属队排以上干部会议，陈科长传达军团比赛大会内容，重点是警卫连、工兵连比赛进攻、打球、投弹等。我和王紫峰、周贯伍、曹如学等都讲了话，鼓励大家要加强政治、军事学习，提高红军战斗力，争取优胜。

十月二十九日　阴

一方面军在陈洪场召开营以上党员代表会议，我以直属队代表参加了会议。方面军政治部主任杨尚昆同志主持会议，毛主席在会上做了政治报告。毛主席说，南北两支红军的会合，召开营以上党员代表会议，是有很大意义的。红一方面军、红二十五军光荣地完成了战略转移任务，到了抗日前线阵地。红一军团和十五军团在西北会合，必将带来更大的胜利。但蒋介石不因我们到了陕北而放松进攻，相反，敌已向我陕北苏区开始了三次"围剿"。为了推动苏维埃运动，巩固陕北阵地，推动抗日高潮的到来，当前的首要任务是，全党要团结在党中央周围，冲破国民党的三次"围剿"。各军团各有所长，要互相学习，互相帮助。为粉碎敌人的三次"围剿"，为开辟西北新局面，要联合一切可以联合的力量，给蒋介石以粉碎性的打击。

这次党员代表会议时间虽短，但很受教育，特别是听了毛主席的重要讲话，心里明亮多了。

会上，看到了十五军团长徐海东同志，副军团长刘志丹同志，政委程子华同志。

十月三十一日　阴

午后到总政组织部李弼庭部长那里，汇报军团直属队政治工作情况。李部长再三问一军团干部情况，我详细汇报了自己所了解的情况。

一支队围攻甘泉城时,周冠南政委光荣牺牲。他打仗非常勇敢,牺牲了十分可惜。

十一月一日　晴

午后,召开直属队排以上干部会议,我同王紫峰同志传达了方面军党代表大会精神。

晚,军团政治部朱主任批评我说:"总政李部长问我们的干部情况,是准备调走我们的干部,你只能说我们自己干部还不够用,而且水平不高。"我真冤枉,明摆着一军团干部多,好多团长当连长,这能说水平不高、不够用吗?调出去支援兄弟单位不更好?朱主任叫我今后不要再乱反映情况,我想不通。

十一月四日　小雪

整天突击筹备运动大会工作。看来直属队警卫连、工兵连成绩较好,炮兵连、侦察连成绩差点。晚,布置完会场,朱主任说布置得蛮不错。

军委电告:红二方面军坚决拥护中央路线,北上抗日,要准备迎接。二方面军此举定会促进四方面军北上。三个方面军在西北会师,那该多好啊!

十一月六日　阴

全军团运动大会已开了两天,今日胜利闭幕。比赛成绩待明日公布。

十一月七日　小雪

比赛结果，直属队成绩居首位，但在评比时，一、二、三名都没评上，我想不通，认为丢面子，是上级领导有意卡我们。晚上到聂政委那里去诉"委屈"。聂政委给我解释说，不要同各团去争名次，我们的目的主要是促进部队搞好建设，直属队的情况和下面团队的情况不同，机关是为部队服务的。聂政委还批评我说："你这个小鬼，今后要沉住气，要把军团直属队的工作搞好。"聂政委批评很有道理，我想通后擦干眼泪回直属队去了。

一九三五年十月十九日，党中央率领陕甘支队到达陕甘苏区吴起镇，后与刘志丹、徐海东的红十五军团会师。与当初张国焘阴谋分裂红军、分裂党不同，红十五军团领导徐海东、程子华等人不仅积极拥护党中央，还在物质上给予了极大支持。刚刚经历了长征的中央红军身上穿着单衣单裤，难以抵御西北的寒风。红十五军团省吃俭用，从仅有的七千余元中拿出五千元，交给中央，并送上棉衣。这种兄弟队伍的团结友爱和阶级情谊，让很多战士感动落泪。中共中央率陕甘支队到达吴起镇，宣告了红一方面军长征的胜利结束，也标志着蒋介石企图消灭中共中央和中央红军计划的破产。

十八、直罗镇打歼灭战

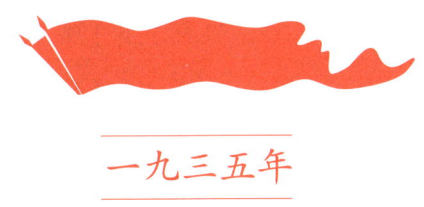

一九三五年

十一月八日　阴、雪

军团司令部要侦察连出发，到黑水寺一带侦察敌情，上级在考虑新的反"围剿"战役。

今年九月份，陕北红十五军团在劳山榆林桥打了个大胜仗，消灭了国民党近一个师，但蒋介石不死心，又利用东北军、西北军和蒋军嫡系胡宗南五个师组织新的进攻。东边敌一个师沿洛川、鄜县大道北上；西边敌四个师由甘肃的庆阳、合水沿葫芦河向陕北鄜县方向前进。敌气势汹汹，真想一口把我红军吞掉，但红军不是好惹的，你来进攻，我就给你回击，要你有来无回。

可是仗在哪里打，先从谁头上开刀，那就要听党中央、毛主席和周副主席指挥了。

十一月十七日　阴、大雪

朱瑞主任在直属队干部会上做战役动员报告，要全体指战员鼓足勇气，打个漂亮仗。他说："这一仗，是我们同陕北红军会合后的首次作战，非打好不可！不然的话，我们对不起陕北苏区劳苦大众。要打出个新局面，给张国焘看看，中央确定北上的方针是正确的。"

十一月二十日　阴、雪

午后四时出发，我带着三个连队随同军团首长经区荷村沿石马河、前家坪、七里铺、婆媳河到柳青岸宿营，行程五十里。这里距敌还有二十里地。朱瑞主任讲，向直罗镇方向运动之敌约四个师，顶多有两万五千人，但我居内线，地势熟，敌人地生。人民拥护红军，军民团结一致，上下统一。特别是由毛主席亲自指挥，南北红军刚会合，情绪高涨，我们有条件打败国民党的"围剿"。

我一军团和十五军团已将东北军牛元峰的一〇九师包围在直罗镇旁的一条山川里，将董英斌的一〇六师围堵在黑水寺旁。红军按照毛主席的命令，要在直罗镇一带打一个大歼灭战，庆贺中央红军和陕北红军胜利会师。

十一月二十一日　晴

晨七时，正在行军中，前面的同志一个接一个传送军团首长的指示：萧忠渭同志速来有事。我立即跑步到军团指挥地，林军团长、聂荣臻政委、左权参谋长要我带个通讯员下山，向毛主席、周副主席汇报，我们一军团已于凌晨五点半钟在直罗镇东北、正北和西北方向全面展开，十三团在直罗镇东北协同十五军团的部队拦腰阻击敌人，红二师在直罗镇西北大山上，红四师正向黑水寺运动，一切按照毛主席的指示做了部署。军团指挥所在南山坡。问毛主席有什么指示。接受任务后，我带着通讯员飞跑起来。到了北山坡上，我走到毛主席跟前，行了个军礼，将军团首长的话报告了他。毛主席听后沉思了片刻，随即站起身来，右手指向直罗镇南山坡说："你回去告诉你们军团首长，这个仗一定要打好！你们二师突击到直罗镇时要很好协同十五军团作战，彭德怀同志跟十五军团行动，要特别注意同他联系，要加强团结和协作。"毛主席用十分肯定的口气说："我们要的是歼灭战，不要击溃战。"我牢牢记住毛主席的指示，迅速赶回军团指挥所去。

在归途中，路过第五个山头时，看到黄甦政委的遗体。前天他还对我说，中央调他到陕南七十三师当政委，直罗镇战役传到他耳边，他坚决要求等打完这一仗后再去任职，现在却不幸中弹牺牲了。黄甦同志是红军的好指挥员，中国共产党的优秀儿子。他参加过广州暴动、左右江暴动，是红七军的领导者之一。我悲痛地脱帽、立正，站在黄甦同志的遗体旁，静默片刻，然后说："敬爱的老政委，向您致敬！向您学习！"

晚七时左右，在一个山梁斜坡的小沟边，找到了军团首长，转达了毛主席的指示。这时，红二师已冲进直罗镇，十五军团在南山坡把敌人的指挥系统打乱了，敌人就像乱杆下的鸭子，溃败下来。

经过两个多小时的激战，牛元峰的一〇九师被歼，牛师长被活捉。董英斌一〇六师的一个团也被歼。敌一〇八师、一一一师不得不退回甘肃合水县。敌东路一一七师也不得不退出鄜县。陕北苏区出现了一个新的局面。

这次战斗中，我军团直属队捉到四百多名俘虏，缴获牲口百余匹，枪炮无数。

战斗结束后，部队转移到桃岸宿营。深夜，我的心一直不能平静，不时眼望北山坡，似远处有灯火，也许毛主席、周副主席仍在指挥阵地上，拨弄蒋介石继续犯错误。毛主席、周副主席多么辛苦，率领我们一路长征，到陕北后，脚未歇，就亲临前线，指挥这场有决定意义的战役。

十一月二十二日　雪

今日下大雪，天真冷。

左参谋长要我带领侦察连、警卫连到各师、团去接收缴获的马匹。

直罗镇战役获全胜，确立了我们能在陕北站稳脚跟。我们还要同东北军、西北军搞统一战线，联合抗日救国，以争取更大的胜利。

十一月二十三日　雪

各师、团共缴获骡马四百五十匹。我完成任务后，于午后返套塘口。

尹国赤连长在打扫战场时不遵守纪律，弄了点私物，被发现后受了严厉的批评，他想不通。朱主任说，要帮助他。聂政委说，要积极做政治思想工作，这么个老连长，有了缺点要帮助。这个同志本质是好的，过去也有战功，要相信他能改正错误。对这件事，我也很受教育，要向老首长学习，做好政治思想工作。要以老尹的缺点为戒，千万不要以为打仗有功，就不严格要求自己，以致违反战场纪律。

十一月二十四日　雪

晨出发，经甘泉县，过大劳山，到二十里铺宿营，行程七十里。大劳山是陕北有名的大山，陕北红军曾在这里打过胜仗。

十一月二十五日　阴

晨出发，经寨河、南泥湾到临其镇宿营，行程七十里。这里是赤白交界地。

十一月二十六日　阴

晨出发，沿云岩河东行，经黄峪到火坡村宿营，行程六十里。

今日红四师十二团奉令到宜川去接地下党组织秘密运来的电台。途中,十二团团长刘嵩跑了。这些人不知怎么想的,雪山、草地都过来了,现在到了陕北抗日前线,形势在好转,反而逃跑,真怪!胜利也能考验人。

十一月三十日　晴

方面军召开营以上党员代表会议,杨尚昆主任主持会议,彭德怀、徐海东、聂荣臻、左权、刘志丹、程子华等首长都出席了会议。会上,毛主席做了《直罗镇战役同目前的形势与任务》的报告。毛主席讲到直罗镇战役的重大意义时说,这次胜利,彻底粉碎了敌人对陕北的第三次"围剿",为党中央和红军在西北建立和发展苏维埃根据地,领导全国抗战,举行了奠基礼,使刚刚会合的南、北两支红军得到进一步的团结。毛主席讲到这次战役胜利的原因时说,主要有四点:

1. 两个军团的会合与团结(这是基本的)。

2. 战略与战役衔接布置好(葫芦河与直罗镇)。

3. 战斗准备得充足。

4. 群众与我们一致。

毛主席在分析了上述四个条件的相互关系以后说,这四个条件,是取得这次大胜利的原因。而中央与军委决定的"向南作战"与"初步解决'围剿'的总方针",由于方面军各级首长与战斗员的坚决执行,以及广大群众的积极支援,已经完满地实现了。这次胜利告诉我们,以后作战,亦必须争取这四个条件。

在谈到今后红军新的任务时,毛主席说,从现在起,用极大努力争取与积蓄更加充足的力量,迎接敌人新的大举进攻,进而彻底粉碎之,把我们的苏区版图扩大到晋、陕、甘、绥、宁五个省去。到那时,我们便可以争取更大的力量给日本帝国主义以空前的打击,争取苏维埃在北方七八个省取得伟大的胜利。

会上,左权参谋长也讲了话。他说,直罗镇战役是毛主席、周副主席、彭司令员亲自组织指挥的,我们一定要学习直罗镇战役的经验,继续贯彻打歼灭战的思想,新的胜利在等待着我们。

★ 专家解读 ★

中共中央到达陕北后,陕北苏区成为革命的中心,也成为敌人"围剿"的重点。蒋介石不甘心一路以来的失败,命令当地的东北军组织五个师向陕北苏区进攻。对会师后的红军来说,这是他们到达陕北后向当地苏区人民交出的第一份答卷,不仅关系根据地安危,也关系民众信心,所以毛泽东亲自指挥,而且要求打歼灭战,消灭敌人有生力量。红军采取诱敌深入的方针,在直罗镇打了一场漂亮的歼灭战,缴获了大批军事物资,粉碎了敌人对陕甘革命根据地的第三次"围剿"。这一战也大大增强了苏区群众对红军的信心,在之后的扩红运动中,他们踊跃参军,红军队伍得到发展壮大。

十九、参加东征抗日先锋军

一九三五年

十二月六日　阴

军团指示,红一军团转移到延长县南临其镇进行休整,我团晨出发,经南河到该镇宿营,行程七十里。

十二月十八日　阴

军团首长电告:根据中央军委决定,恢复红一师建制,师长陈赓,政委杨成武,副师长杨得志,政治部主任谭政,参谋长胡发坚。师下面仍设三个团,除一团、十三团外,另从这两个团各抽一个连,再补充陕北籍的三百多名新战士,重新组建三团。军团政治部朱瑞主任通知我回三团任政委,我坚决服从组织的决定,决心把工作搞好。

十二月十九日　雪

午，到军团首长那里接受指示。聂政委、左参谋长等首长说，经研究决定，三团的干部配备是：团长曾宝堂、政委萧忠渭、副团长阮金庭、参谋长陈英、总支书记严雄、特派员张明友、俱乐部主任孔瑞云、组织干事匡道维、青年干事郑三生。由军团直属队抽调连、排、班干部和战士四十多人，由一团、十三团抽调连、排、班干部和战士九十人。全团有参加过长征的同志一百八十五人，陕北籍新兵三百二十五人，共五百一十人。下分两个步兵连，一个担架队，一个机枪连，一个特务连。我接受任务时，感到新兵多，有点发愁，但想到组织的决定，想到党交给我们这么多干部、战士，是宝贵的本钱，一定要把部队组建好。

十二月二十三日　雪

团部驻在台岸村，团的干部已到齐，陕北籍新兵也到了。午后编队，三团已初具规模。新战士成分很好，都是经过土地革命锻炼的工农子弟，很年轻，能吃苦。文化低不要紧，可以培养提高。

我们红三团有光荣的革命传统，有一个连队的前身是井冈山时期的红四军三十一团第四连。在中央根据地时期，红三团是由红十二军三十六师的一部和红二十二军六十六师的一部组成的，我们要继承和发扬党的优良革命传统。

一九三六年

一月一日　晴

军团政治部出版的《战士报》，在"新年献词"一栏里，发表了朱瑞主任写的《艰苦的一年，伟大的一年》。这篇文章全面系统地总结了我们中央红军自一九三四年十月十六日下午出征以来的艰苦历程和光辉战绩，特别是党的遵义会议以来，全军取得的伟大胜利。这真是不平凡的一年！朱主任的文章写道："这一年，我们经历了闽、赣、粤、湘、桂、黔、滇、川、康、甘、陕十一个省，三百六十余天，两万五千余里。这一年，我们击溃了十几个省数十万的白军、民团、土匪与反动武装。这一年，我们占领了大小五十四个中心城市，筹款数百万元，扩军四千多名，建立了数百处的地方党组织和政权，武装了革命群众。"朱主任的文章还指出："我们在党的正确领导下艰苦奋斗——我们战胜了巍巍的雪山和茫茫的草地。我们身体虽然弱，但我们的意志是铁和钢！我们没东西吃可以吃青稞麦以至野菜青草！我们走不动就爬，爬到最后一口气也要跟着党！我们战胜了困难，我们也将战胜机会主义的张国焘！"文章最后说："我们以一双脚，一支枪，百战百胜的身躯，完成了人类空前伟大艰苦神圣的远征！"朱主任的文章，确实说出了我们的心里话。我们团几个领导研究后，决定由政治处通知各营、连队认真学习座谈。

晚上，看战士剧团演戏，精神很愉快！

一月二十六日　雪

午前开班以上干部会，午后召开全团军人大会，正式宣告红三团成立。陈赓师长亲自来参加成立大会。两周前，他还陪同军团首长来了解过我团的组建情况，对大家鼓舞很大。

二月十六日　阴

上午九时出发，过清涧河，经柳林沟、圩寨村到高术村、胡峪宿营，行程六十里。

师令我团在这一带待机东征。团政治处汇报干部、战士思想情况：白儒生、刘子进两位副政指，原是清涧县的区委书记，后加入陕北补充师，编到我团。他们在群众中很有威信，要通过他们多做陕北籍战士的工作。陕北的土话，我们南方人不大听得懂，战士们愿同他们接近，就是双方听不懂话。东征动员后，大家劲头很大，但也有一些战士担心，山西军阀阎老西（阎锡山）的工事坚固火力强，渡黄河有困难。二连七班战士担心过河不会游泳。

二月十八日　阴

上午九时，师首长率领我们红一师团以上军政干部到延长县清水关附近的古峪村西沟北窑洞，接受毛主席关于东征形势与任务的指示。毛主席指出：为实现我党抗日民族统一战线的政策，我们要组织抗日先锋军东渡黄河，准备开赴华北前线对日作战。这次东征有三个任务：一是从外线分散敌人兵力，粉碎敌人对陕甘宁边区新的"围剿"；二是配合北平"一二·九"学生运动和全国反内战反饥饿高潮；三是壮大自己的力量，促进抗日民族统一战线的实现。当前，我军的首要任务是如何渡过黄河。阎锡山吹嘘他的"钢铁山西"，我们一定要打破它，什么"人过要留钱，鸟过要脱毛"，红军偏不怕。

晚间，我们赶回部队，立即向各连干部传达毛主席的指示。

二月二十一日　阴

我们红一师三个团集中在黄河边上永和关渡口，晚七时开始强渡黄河，只有八条木船载人。红一团为一梯队，红十三团为二梯队，我红三团为三梯队。在强大火力掩护下，一团强渡成功，二、三梯队迅速跟上，夜十二时胜利渡完。曾团长因重病，送后方治疗。

二月二十二日　阴

我团昨夜渡黄河，今晨达牛头镇，歼灭阎匪两个连。晨七时继续出发，经坪地、暖泉到石楼县关上镇附近，归红四师指挥。师首长传达军团首长命令，要我们担任阻击阎匪马旅的任务。

十五军团已渡过黄河，向太原作战略佯攻。

二月二十三日　阴、雪

我团整夜守在关上镇东山的阵地上，雪下得很大，冷得厉害，但全团战士一心只想杀敌，不怕天寒地冻。午后三时，红四师主力已展开向敌突击。我们眼馋手痒，想去打南山。陈师长叫我们听候命令，并要注意阎匪从北面增援。

二月二十四日　晴

晨，师令我团全力向敌突击，战士们犹如下山猛虎，直扑敌人，激战至黄昏，结束了战斗。我团俘敌四百余人，缴枪四百余支，并缴获敌人一门山炮。从此，全团换上了新的装备。

晚，向陈师长汇报战果。他笑着说："三团打得不错。这次是有意把你们放在刀口上锻炼一下，你们高兴了吧！"接着，陈师长命令我部立即出发，到杨峪口归还一师建制，继续东进。

二月二十八日　晴

上午九时到师部开会，听师首长传达毛主席的指示，布置新的任务。大意说：现在我们已经渡过了黄河，要赶紧落实赤化、扩红、筹款任务。师令我团单独行动，到白吉区搞赤化、扩红、筹粮工作。

三月二日　晴

上午九时出发，经王寨到白吉镇宿营，地主武装逃跑一空。我们要抓紧时间在这一带发动群众，建立苏维埃政权，搞赤化、扩红、筹粮。

红五团要执行挺进南同蒲路，袭占侯马的任务。军团要从三团抽五十名新兵、三万发子弹支援五团。我听后有意见，我团是新摊子，刚补充起来，上级又要抽调人，那怎么行？因此，我回答说："三团自己也穷，不能光给别人当运输队。"陈师长严肃批评我，谭主任找我谈话，并强调指出，作为一个团的政委，要顾全大局，绝不能从一个团的私利出发。通过教育，我认识到这是本位主义思想在作怪，因此，决心改正错误，坚决执行命令。

三月五日　晴

午接师令，因敌情变化，我团立即归建参战。因部队分散在乡村做宣传和组织群众的工作，所以决定团主力由阮副团长带领归建，我带三连原地等待各连外出人员归队，并向地方同志交接工作后再回团。

三月六日　阴

上午九时出发，经郭家庄到兑九峪，向师首长报到。陈师长讲，因为阎匪向我逼近，大战将临，如不打退敌人的进攻，那我们就不可能在晋西立脚。我军务于午后五时全部转移到西赤峪宿营，待机行动。师令我团一连负责把全部物资运回河西去。

三月八日　晴

师传军团令，为了开展东征抗日救国的更大局面，必须狠狠打击阎锡山，中央决心在郭家庄、兑九峪一线给阎军迎头痛击。我团由杨得志副师长率领，迂回敌侧翼佯动，二连由军团孙副参谋长率领，担任兑九峪正面防守，诱敌深入。

我随军团行动，晚达四合峪宿营，行程三十里。二连已消灭阎军一个连，缴小驳壳枪五支。

三月九日　阴

今日开始在兑九峪与阎锡山三个多师展开战斗。我团归杨副师长指挥，担任右侧钳制敌人的任务，在南阳、上堡一线，抗击从官木那边来的敌人。当晚，赶到苏家庄宿营，行程四十里。

三月十日　阴

晨，派一连向南阳方向侦察敌情，他们刚到南阳，遇敌便衣队四十余人，被我军击溃，缴枪十余支。一连虽然新兵多，但打仗很勇敢，有这样的好战士，我感到很高兴。

三月十一日　阴

兑九峪敌人向我军发起总攻击。晨五时，我军开始行动。师首长说，十五军团迂回到兑九峪右侧，红四师在左侧包围，我一师三团二连在郭家峪阵地正面抗击敌人。经一天激战，消灭敌人三团左右，迫使余敌退到下堡一带。

三月十二日　晴

昨晚接师部电话通知，今早，我和阮副团长骑马赶到军团部驻地郭家峪开会。

进入会场不一会，毛主席和军团首长都来了。毛主席身穿灰布大衣，满面笑容地与干部们打招呼，询问部队情况，如战士情绪怎样，脚上打的泡多不多，连队伙食怎样，等等。大家都一一做了回答。

聂荣臻政委宣布开会后，毛主席给我们做了关于形势与任务的报告。毛主席说，阎锡山由北向南，蒋介石派十万军队沿黄河北上，想把我们包围起来，国民党反动派不许我们东进抗日，要阻止我们在黄河以西，我们要粉碎他们的"封锁政策"。阎锡山吹嘘的"钢铁山西"被我们打进来了。在讲到今后的任务时，毛主席说，为了推动全国抗日高潮的到来，我们要迅速东进，打到同蒲路、汾河流域去，威胁太原，调动敌人。同时，要猛烈扩大红军，扩大革命根据地。最后，毛主席打着手势大声地说："同志们，勇猛前进吧！预祝你们胜利归来！"

接着，由总政杨尚昆主任做专题报告，谈了如何贯彻毛主席的指示，发动群众，猛烈扩红，正确执行党的政策，协助地方建党、建政、组织游击队等问题。

天将黑时，我们骑马赶回驻地。

三月十六日　晴

凌晨五时出发，晚到双镇以东宿营，行程七十里。

我们整个抗日先锋军继续执行党中央、毛主席制定的向东行动的战略部署。野战军司令员彭德怀同志率十五军团和二十八军为左路军，向太原方向佯动。我们一军团为右路军，逼向同蒲路南段。

三月十八日　晴

我团为前卫，向同蒲路南段的南关车站进攻，消灭敌二十五师七十五团两个连。我们迅速南下占领汾河流域广大地区。

三月二十四日　晴

奉令继续南下，到洪洞县的绍谭镇一带宿营。根据师首长布置，要在这一带开展扩红、筹款和发动群众的工作。师转军团命令：阮金庭同志由三团副团长升任为团长。为了落实师部布置的任务，我和阮团长连夜召集各连干部开会，提出在一两个礼拜内，全团争取扩红三百名新战士。开始，有的同志直摇头，说："这地方阎老西统治那么久，我们人地生疏，话又不懂，哪能扩红那么多人？"有的说："要是在江西老苏区，不要说扩三百人，就是扩三千人也办得到。"说真的，我也有些顾虑，但想起师首长曾经讲过，阎锡山统治得越久，人民的痛苦就越深，越便于我们开展工作。二师在襄陵，三天内就扩红了二百多人。我们渡河以来，也零星扩到近百名。想到这里，我就充满信心，于是向大家说，困难是存在的，但总比不上爬雪山过草地吧！只要大家积极宣传和认真执行党的抗日救亡政策，人民终会认识红军的。天快亮的时候，会议才结束。会上，讨论成立了十二个工作组，由我领队，为解决语言不通的困难，每个工作组配上一名陕北籍的干部或战士。

四月一日　晴

我带领四个工作组到下纪落村，广泛宣传党的抗日救亡政策。不论在村头巷尾，还是在老乡家里，见人就讲。同时，还用开大会、写标语、散传单、贴布告等办法，要求同胞们团结起来，抗日救国，有人出人，有力出力，有钱出钱。经过宣传鼓动，群众对我们由生疏到亲近。每到一村，他们就把我们围起来，问这问那，控诉阎匪军的罪行，要求清算恶霸地主，要求成立农会。地方党的同志，还主动和我们接头，带头参加红军。这种热烈的情绪，深深感动着我们。有天下午，各组纷纷派人前来汇报，他们一进门就高兴地叫："政委，我们又扩红一批。"接着，滔滔不绝地讲述他们怎样宣传动员，群众怎样拥护红军，扩红新兵的成分多好，等等。我听了非常高兴，并一再叮嘱："扩红一定要注意党的政策，要自觉自愿，绝对不能勉强。"他们连忙说："政委，你放心吧，我们都是按政策办的，扩来的人，都是自愿报名的。"

四月四日　晴

几天来扩红的成绩很可观，动人的事迹不少。洪洞县北关附近一个姓周的青年农民，深夜摆脱了地主狗腿子的监视，跑出来报名当红军。在上纪落村，一位农民听了我们抗日救国的宣传很感动，流下了热泪。他把肩上的担子一放，对我们说："我要求当红军，你们到哪里我也到哪里。"有一天，一对男女青年找上门来，穿得破烂，面黄肌瘦，我以为他们是来谈婚姻问题的。详细一问，原来是一对结婚不满一年的夫妻。男的说："我受财主的气受够了，要当红军给穷人打天下。"女的问："你们要女兵吗？"我们热情接待他们，一再解释我军宗旨，说明暂时不收女兵。夫妻俩商量了一番，决定女的回家去，男的高高兴兴参了军。

阮金庭同志还告诉我一件事：下湖坛有个十三四岁的小学生叫孙保安，长得聪明伶俐，硬要跟他当红军。阮团长说："我们宣传队倒是需要，就怕你家里舍不得。"孙保安把阮团长拉到家里，他大伯说："红军好，孩子要跟你们走，我们没啥说的，但是，要找找你们的团长，当面把孩子交给他。"这时，正好通讯员来叫团长。孙保安的大伯一看这位普通的红军就是团长，感动地说："真是名不虚传，红军官兵一个样，把侄子交给你，我们放心了！"

两周来，我们团共扩红新战士三百二十五名，出现了许多父母送儿子，妻子送丈夫，兄弟争报名的可喜景象。同时，我们还协同地方工作同志、师政工作队，组织了三个区苏维埃政府，十二个乡苏维埃政府和农民协会，惩办了几家恶霸地主，筹款五万余元，黄金一斤多。真是人财两旺。

四月十五日　晴

晨，敌有三个师兵力从稷山、侯马方向分路向我进攻。我团利用汾河阻击，掩护一团、十三团后撤。上午九时，敌人在数架飞机掩护下向我进犯。我团坚决阻击，中午十二时，掩护全军团渡过汾河，撤到山口村宿营，行程五十里。

接到上级通知，蒋介石派胡宗南十个师分两路由潼关北进。一路三个师沿南同蒲铁路北上，另一路七个师沿黄河北上，配合阎锡山由同蒲路南下。又令西北军和东北军进攻陕北苏区。党中央、毛主席洞察了敌人的意图，决心粉碎敌人的罪恶阴谋，扩大抗日民族统一战线，保卫陕北苏区。因此，我军决定暂停东进。

四月十六日　晴

三团在稷山城汾河北岸，将蒋军薛、吴纵队一个团阻击了两个整天。

晨不到八点，敌机每次不少于三架次轮番向我阵地侦察、轰炸，将我团的卫生所担架队炸得不轻。我团连续打退敌四次进犯。有两股敌人强渡汾河，进到我阻击阵地前沿，被我二连反击，把敌人赶过了河。在阵地前沿拾到二十五支步枪，四挺轻机枪，活捉了四十五个吴奇伟纵队的国民党兵。经劝说，大部分都参加了工农红军。午时，二连贺连长派三排下汾河将死敌的子弹捞回，约三万多发子弹。

三团阻击一天，打伤敌三百多，我团也有四五十个负伤，十名牺牲，全团安全北撤到山口村。碰到陈赓师长、杨成武政委、耿飚参谋长。首长们正在议论：红三团东进以来，很顺利，打仗也多，缴获也多，攻防都有一套。这时译电员匆忙跑来，送来份电报，陈赓师长阅后没说话，起身脱军帽，杨成武政委见状，也起立，耿飚起立念电文：军团转野司电，四月十四日在晋西南三交镇，刘志丹军长组织战斗，在冲锋中被敌机枪狂射，刘志丹军长光荣牺牲。大家听后，十分沉痛。刘志丹同志是渭南起义的领导者之一，是陕北苏区的开创者，在陕北人民心中享有崇高的威望！他的牺牲是红军的一大损失。我们表示决心，要更多地消灭敌人，为刘志丹同志报仇！

四月十七日　晴

午后二时，我团进逼吉县城，守城的是保安团。我团派一个连佯攻，另派一个连配合一团主攻，机枪连在南山向城内射击，掩护主力攻打东城门。午后四时，我军开始总攻击，在密集火力支援下，打了一小时，全歼该城守敌，活捉伪县长，俘敌四五百人。在战斗中，我右眼边被枪弹擦过，鲜血直流。不要紧，为了东征抗日，洒尽热血也甘心。

四月二十七日　晴

继续西移，又回到黄河边上。今天到达阁山。军团令我团占领山洞，那是阎匪修建的防卫阵地，可容一千多人。现在，我们要利用它来阻击阎匪，掩护军团主力回师西渡黄河。

上午，我到三连检查火力配备，并派出向山西永和方向的警戒。通讯员来找我，说彭司令员来了。我赶紧回到团部去。彭司令员对我说："蒋、阎部队已逼近黄河，党中央决定不在河东打了，要回师保卫陕甘宁边区。既然你团担任掩护，等十五军团和红四师渡河后，你们也迅速西渡吧！"我看彭司令员走得又累又饿，忙叫管理股长做饭。不一会，饭菜端上来了。彭司令员一看，菜比较好，很严肃地问我："这菜是哪里弄来的？"我说是打土豪得来的。彭司令员向来是艰苦朴素的。

五团政委林龙发同志攻打大宁城时胸部负重伤，由担架队抬着路过我团。我们是老战友，热情地招待他，并安慰他好好养伤。他在团部稍休息一会,便由担架队抬着过河去了,我送了他一程,依依惜别。

  直罗镇战役的胜利并没有从根本上改变陕甘苏区的险恶境地,中央决定组织红军东征山西。一九三六年二月二十日,红军开始东渡黄河。山西军阀阎锡山急忙调兵遣将,但并不能阻挡红军的东进步伐,于是向蒋介石求援。蒋介石的中央嫡系部队由此进入山西境内阻截红军。在敌情发生重大变化的情况下,五月初,东征红军分批返回陕甘革命根据地。东征虽然只有两个多月时间,却在山西大地播下了革命的种子,扩大了红军的影响,对推动革命新阶段的到来产生了深远影响。

二十、西征路上战"三马"

一九三六年

五月三日　阴

　　晨七时出发，经山西军渡口到黄河边宿营，行程七十里。沿途敌机不断骚扰轰炸，民夫和担架队有些伤亡。

　　这次渡黄河，渡口在苏区，船夫是苏区的工农，比较保险。延长县苏维埃政府专门组织了有十条木船的船队，支援红军渡黄河。听说每条木船一次可渡红军一个排。

五月四日　晴

　　晨八时起，一连一百二十五人分四船西渡，敌机不断来捣乱，我两岸火力向敌机拼命射击，打得敌机只好转圈吓唬人。午后三时半，我同三连三排最后西渡，遇敌机扫射，于四时胜利渡过黄河，步行到杨家山宿营，行程五十里。我团负责掩护野战军西渡的任务已完成，蒋介石、阎锡山夹击红军的计划又破产了。

傍晚，去杨家山东小柏树旁看林龙发同志的坟墓，脱帽、流泪、肃立，向这位英勇的政委默哀致敬！林龙发同志是福建省上杭县人，十岁学缝工，一九二九年春参加红十二军，当过战士、司号员、政指等职，十八岁就当团政委，是我党的优秀党员，忠诚的革命战士。

五月五日　晴

凌晨五时出发，从杨家山经中铺到张家湾宿营，行程七十五里。我们又胜利回到了革命老根据地——陕北。

晚，师首长召开团以上干部会，陈赓师长、杨成武政委讲话。他们指出，自二月下旬至今七十多天来，我们根据党中央、毛主席的指示，勇往直前，压倒一切，打破了敌人鼓吹的任何军队不可能到山西的神话。红军在山西扩大了革命影响，唤醒了广大工农，苏维埃运动更加深入人心，推动了华北抗日高潮的到来。

在政治上，学习和宣传了党的有关政策，扫除文盲取得了很大成绩。加强了对马列主义的学习。

在军事上，我们先后打垮了国民党阎锡山军阀三十一个团，打破了蒋介石十个师的夹击计划。

在物资上，筹到很多款子，可供红军用些时候。

人员获得迅猛发展，仅三团在洪洞、稷山等地就先后扩红三百二十人。

据师首长分析，下步有如下几种可能：

1. 集中兵力，选择适当时机，给东北军和西北军几个相应打击，促使他们迅速分化，脱蒋抗日，同我们靠拢。先是力争三支红军会合，最后联合张学良、杨虎城，组织抗日民主政府，实现我党统一战线政策。

2. 集中兵力，给胡宗南匪军以毁灭性的打击，力争消灭他一两个师，吓跑其他杂牌军，形成更有利于西北统战的形势。

3. 力争迅速与红二、四方面军会合，打下兰州、银川，消灭"三马"①军阀大部或一部，使我军有可靠的后方。

三种情况都存在，也可能交叉进行。

五月六日　晴

收读党中央五月五日发表的关于停战议和、一致抗日、东征回师的通电。通电说：

自中华苏维埃临时中央政府与红军革命军事委员会组织中国人民红军抗日先锋军渡河东征以来，所向皆捷，全国响应。但正

---

① "三马"实际上除马鸿逵、马步芳、马鸿宾外，还有个叫马步青的军阀，合称"西北四马"。其中马鸿逵、马鸿宾盘踞宁夏，马步青、马步芳是青海军阀。他们的父辈靠镇压农民起义发家，最终成为割据一方的地方军阀。蒋介石在"围剿"红军失败后，给"西北四马"加官进爵，利用他们来对付红军，遏制中国共产党在西北的发展。新中国成立后，马鸿宾率部起义，留在大陆，其余三人逃往台湾，最终客死他乡。

当抗日先锋军占领同蒲铁路，积极准备东出河北，与日本帝国主义直接作战之时，蒋介石竟以十个师以上兵力开入山西，协同阎锡山阻拦红军抗日去路，并命令张学良、杨虎城两氏反对陕北红军向陕甘苏区挺进，切断我抗日的后方。

中国人民红军抗日先锋军本想集中全力消灭蒋氏拦阻抗日去路的部队，以达到对日直接作战之目的。但中华苏维埃临时中央政府与红军革命军事委员会一再考虑，认为国难当前，双方决战，不论胜败属谁，都是中国国防力量的损失，而为日本帝国主义所称快，且在蒋介石、阎锡山两氏的部队中，不少愿意停止内战、一致抗日的爱国军人。目前接受两氏的命令，拦阻红军抗日去路，实系违反自己良心的举动。

因此，中华苏维埃临时中央政府与红军革命军事委员会为了保存国防实力，以便利于迅速抗日，为了坚决履行我们屡次向国人宣言停止内战、一致抗日的主张，为了促进蒋介石氏及其部下爱国军人们的最后觉悟，故虽在山西取得了许多胜利，但仍将人民抗日先锋军撤回黄河西岸，以此行动，向南京政府、全国陆海空军、全国人民表示诚意，我们愿意在一个月内与所有一切进攻抗日红军的武装队伍实行停战议和，以达到一致抗日的目的。

这份重要通电的落款是中华苏维埃临时中央政府主席毛泽东、红军革命军事委员会主席朱德。

五月九日　晴

　　由驻地出发，经坑水到文安驿镇宿营，行程七十里。今天接到师令，在这里有十余天时间的休整。文安驿有小纺织厂，现专给红军织布。在休息时，我同阮金庭等同志到车间参观。这个厂共有二百五十四人，其中女工一百多人。用的棉花都产自延河两岸。厂长崔敬胜，清间县人，三十二岁。机械织布比手工织布强多了。

五月十三日　晴

　　上午，我骑骡子到岔口大相寺方面军司令部驻地，开团以上干部会，到达后才知道今天不开了，要明天才开。当日又返回文安驿，往返四十里。一路上骡子真调皮，光尥蹶子，把我摔伤了。

　　文安驿妇女会主任发动群众给战士洗衣、补鞋，把红军当作亲人相待，十分可亲。

五月十四日　阴

　　晨七时出发，我同阮金庭团长、一团团长陈正湘、政委袁升平、十三团团长朱水秋、政委黄振棠等同志，骑马到岔口方面军司令部开会。会标是：方面军团以上干部会议。两个大柱子上写着两条标语："顾全大局，反对本位主义！""提高党性，反对自由主义！"

上午十点钟正式开会，方面军政治部主任杨尚昆同志主持会议，毛主席、彭司令员、聂政委和博古、洛甫、徐海东、程子华等首长都出席了。会上，首先由毛主席报告目前政治形势与我们的任务，洛甫和彭司令员也先后讲了话。

从首长讲话中知道，会议主要内容是：总结东征和迎接西征，会合二、四方面军。同时，向本位主义、自由主义思想做斗争。我自己也存在本位主义，有时不能顾全大局，不愿意调人调枪给兄弟单位，这种思想该反对。只有展开思想交锋，才能懂得红军是革命的武装集团，不是为了谋取个人私利。这样，才能做好工作，改正错误，把红军建设得更坚强。

五月十五日　阴

继续开会，分小组讨论本位主义的危害，列举自由主义的各种表现及其危害性。会议至下午六时结束。七时半，毛主席做了总结。他说，张国焘坚持南下的错误方针，迫使四方面军重过草地、雪山，弄得无衣无食，又在雅安一带与敌人硬拼，损失很大。他的退却逃跑路线及其恶果，已引起广大指战员的严重不满。朱德、刘伯承等同志坚持毛儿盖会议的正确方针，迫使张国焘不得不撤到道孚、炉霍、甘孜一带。他们来，我们就欢迎。目前，贺龙、任弼时、萧克、王震等同志率领的二、六军团也已经来到四川西北。我们要在西兰公路准备战场，会合二、六军团和四方面军。主力红军大会合,西北形势会大变,全国抗日形势也会起变化。我们要促进抗日高潮的到来,使中国苏维埃运动进入一个新阶段。日本帝国主义的侵略,使我们有当亡国奴的危险。现在,民族矛盾逐渐上升为主要矛盾。这次会议开得很好,打倒了本位主义,反对了自由主义,我们就会前进,就会胜利。

在这次会议中,我得到了极为深刻的教育。军队是党的,不能只顾自己。光顾自己不顾全局,是本位主义的表现。如调人给十五军团,不给好的,都调些不听话的;调衣服给他们,不愿给新的;在山西攻占侯马时,调子弹给五团,公开抗拒命令,说三团不是运输队。军团聂政委这次带头做自我批评,做出了榜样,我更应检讨,并向有关的兄弟团队道歉。

晚上,周副主席从西安回来,一路千难万险,多么辛苦!他精力充沛地向到会同志做了统战报告,细谈了张学良、杨虎城同蒋介石的矛盾,以及我党统战工作的策略。我们听了深受鼓舞。周副主席忙得连胡子都没时间刮。他长征到陕北后不久,又去西安,冒着危险去做统战工作。当时,我们都担心国民党把他抓起来。如今看到周副主席胜利归来,可高兴啦!

五月十六日　晴

晨返回文安驿。全师开军政体育竞赛大会。晚接上级命令,由聂政委率领一师,组成特别支队,执行西征任务。左权同志任一军团军团长。一师政委杨成武同志和政治部主任谭政同志调到红大学习，原十一团政委杨勇同志到一师任政委，罗元发同志任政治部主任。我们在师部热烈迎送首长。老首长走了，新首长来了。在陈赓师长、杨勇政委的领导下，我们一定要把三团建设好。

五月十九日　阴

下午四时由驻地出发，到干答镇宿营，行程七十里。陕北群众沿途欢迎红军，热烈气氛真像江西苏区兴国县人民似的。人民群众热爱红军子弟兵，我们更要热爱人民。要永远同陕北人民团结在一起。团部决定由总支书记严雄同志负责检查部队执行群众纪律的情况。

五月二十日　晴

由驻地出发，到仁坪宿营，行程六十余里。将伤员崔子华、阎同柯等同志送往苏区医院。有了苏区，打起仗来，后勤工作有保证了。

五月二十一日　雷雨

晨六时出发，到安塞城宿营。城内只有几十间破房、烂窑洞，这是战争摧残的结果。

晚上，通讯员来报告，首长来了。不一会，周副主席、邓发、邓小平等首长进入窑洞内。周副主席很熟悉地打招呼："忠渭同志，谁是团长啊？"我一一做了介绍，首长们同大家亲切握手。我们看到周副主席很疲劳，其他首长也说肚子饿了。我立即要管理员快做饭。等饭时，我们想从首长那里多听点消息和指示，于是，提出了许多问题，如二、六军团和四方面军究竟来不来，西去执行特别任务，如何行动，等等。周副主席一一给我们答复，并给我们讲了形势。他说，张学良、杨虎城部队中的大多数人是愿抗日的，被蒋介石压得抬不起头来，希望我们给胡宗南军一个至几个狠狠的打击。这时，饭菜已备好，请首长用饭。吃饭时，邓发同志问："忠渭同志，你多大了？"我回答："十九岁。"又问："你团有多少人？多少党员？"我答："有七百五十人，二百八十五名党员。"饭后，周副主席说："忠渭同志，我们今晚住在这里，明天吃过早饭就去瓦窑堡，你们照常行动。"首长们的到来，给我们三团执行西征任务，鼓舞很大。

五月二十三日　晴

早饭后，周副主席、邓发、邓小平等首长离开三团，到瓦窑堡去了。

我团上午八时出发，到罗家沟宿营，行程五十里。杨勇政委随我团行动，我向他详细汇报了干部、战士的政治思想情况，杨政委对三团的学习、战斗、工作较满意。

五月二十四日　晴

凌晨五时由罗家沟出发，到贺家坪宿营，行程七十里。团部对行军识字工作抓得很紧。战士们用硬纸和树皮做成牌子，写上字，边行军，边认字，效果很好。一路上，我们特别注意检查部队纪律执行情况。从井冈山起，毛主席就为红军制定了"三大纪律八项注意"。我在万泰游击队时，几次送粮上井冈山，都看到红军写的纪律标语。长征路上，朱总司令也发布过要遵守"三大纪律八项注意"的命令。

二连三班打坏群众两个饭碗，赔了钱，群众怎么也不肯收。不收可不行，红军的纪律是损坏东西一定要赔。

五月二十五日　晴

晨五时出发，下午一时，部队出安塞城，到小沟宿营，行程七十里。群众都说："咱们红三团回来了。"我们一问，才知道陕北红军的红三团（团长贺晋年）曾在这里住过。我们要向陕北红三团学习，学习他们密切联系群众的好作风，给陕北苏区人民留下一个好印象。

五月二十六日　阴

由小沟出发，经前日镇到石家湾宿营，行程六十里。我到军团政治部开团以上干部会，听传达上级关于西征任务和今后工作的安排。

我们坚决拥护一九三五年十二月党中央政治局在瓦窑堡扩大会上做的关于开展抗日救国统一战线、开展西北大联合等一系列决定。

当前,要在石家湾、七营川一带整顿部队,不要过早到西兰公路上去,以免吸过敌人来。要认真加强支部领导,不断总结连队政治工作经验。要协助地方党,广泛开展赤化苏区工作。要把西吉、固原、海原、豫旺堡等县的地方工作做好,健全县委领导,搞好各级苏维埃政府建设,组织好地方游击队,发展地方兵团。

五月二十八日 阴

敌情变化,聂政委带一师迅速同军团分开行动。主力进到二道川宿营,行程七十里,准备歼灭"三马"的骑兵。要仔细做好回民工作,要尊重少数民族的风俗习惯,不能住清真寺,借物要还,损坏东西要赔。回民很能打仗,要大力动员回民参加红军,要建立必要的县、区、乡回民政府,要抽调回民干部,扩大各级红色游击队,缴获的枪送给地方政府,改善地方游击队的武器装备。

五月二十九日 雨

凌晨五时出发,到高桥镇宿营,行程七十里。今日又送两名病员到陕北红军高桥医院医治。高桥医院条件不错,伤病员都感激陕北红军和苏区人民。

五月三十日　晴

上午八时出发，下午一时到原城镇宿营，行程四十里。已开始进入白区，拟在这里休息两天。原城镇有一百五十户人家，其中有三十二户回民。除两家地主、一家富农、四家中农外，其余都是贫雇农。按党的民族政策，只没收了两家汉族地主的财产，杀了三只猪、五十六只羊，用来改善部队生活，并将一部分财产分给群众，大家很高兴。

六月一日　晴

因敌情变化，部队又开始行动。凌晨五时出发，经杨湾到曲子镇以西地区宿营，行程七十里。一路上，国民党飞机多架低空扫射轰炸，一连有一名战士被炸伤，还打死群众两头牛、两头猪，国民党可恶极了。

晚，我们团的几个负责干部遵照军团政治部通知，认真学习了毛主席在瓦窑堡党的活动分子会议上做的《论反对日本帝国主义的策略》的报告。毛主席根据中央政治局瓦窑堡会议的决议，进一步阐明了党的抗日民族统一战线的理论、路线和政策，继续解决遵义会议遗留的问题。报告还着重指出了党和红军在抗日民族统一战线中具有决定意义的领导作用，指出了我国革命的长期性，批判了党内在过去长时期内存在着的狭隘的关门主义和对于革命的急性病。

红二师正在总攻曲子城,已消灭马匪一个旅,还活捉旅长一名,掩护红一师西征。

六月二日　晴

凌晨五时出发,到功溪宿营,行程五十里。我军已进入环县,马匪有可能来偷袭,各部队已做好充分的战斗准备,定要以胜利的战斗,巩固陕甘革命根据地。

三连指导员何志发同志做收容队工作时,一股地主武装突然袭来,何指导员组织十五个伤病掉队人员同三十多名匪徒展开战斗,将其击溃,并活捉十二名。

六月三日　晴

凌晨三时接师电:敌有由固原向马岭增援之可能,我师要集中全力消灭增援之敌。我们于三时三十分出发,经曲城到马岭已天明。刚隐蔽好,敌人就开来一个旅,完全装进了我们布置好的口袋。军团首长决定先歼灭其一个旅,于十时整发起战斗。在我军团主力夹击下,激战四小时,获全胜,敌骑兵被我军打得狼狈不堪。我团俘敌四百余人,缴步枪四百五十八支,机枪九挺,子弹甚多。我团伤亡二十余名。这个仗,是我团有史以来打得最漂亮的一仗。晚返回西沟门宿营,行程三十里。

我带一连一个班向敌猛冲时,头部被迫击炮弹片击伤三处,鲜血直流，这算是我第四次负伤了。

六月四日　晴

凌晨五时经马岭，由曲子镇回同德城西村宿营。我向全团做政治动员，要大家总结马岭战斗经验，特别是打骑兵的经验，并准备继续战斗。

在马岭战斗中，一师共俘敌千余人，其中有敌团长一名。这是西征以来获得的第一次大胜利。这次胜利，奠定了我们扩大苏区的基础，完成了第一个战役计划。目前的任务是，在环（县）、曲（子）两县间，积极向西扩大战果，猛烈发展陕甘宁苏区。

目前形势很好，战机也不少，但由于四处是敌人，经济比较困难，没钱买油和菜。要向各连讲清，这是暂时的困难，我们要团结一致，共同克服困难。

六月五日　晴

准备第二步行动计划，占领固原川，努力争取同东北军建立抗日民族统一战线，巩固已经取得的胜利。晚到高坪宿营，行程七十里。拟在这里休整三天。

六月八日　阴

上午九时，我们到军团开团以上干部会，接受战斗任务。左权军团长指示，我团拟在环、曲地区开展地方工作，打地主土围子，筹些款子，解决部队生活费用。现在，不要急于往西行动，不要把敌人都吸到西兰公路上来。

六月九日　晴

凌晨三时出发，经环县到李家梁宿营，行程七十里。开始执行第二步行动计划。

六月十日　晴

凌晨三时出发，到李营嘴宿营，行程约一百四十里。我团任前卫，一路上消灭还乡团，拔掉白钉子，向群众宣传建立苏维埃政府。在毛陆同区委书记崔富同志谈如何发展党员，如何加强苏维埃政权建设等问题。

六月十一日　晴

午十二时由李营嘴出发，到李达子宿营，行程八十里。一路上敌机捣乱，把一团炸了一下。我团二连扩红九名。

晚，团政治处严雄同志主持召开政工会议，传达方面军党代会精神。指出：在西征中，要加强党的领导，团结一致，克服困难，提高红军战斗力；要热爱人民，尊重少数民族的风俗习惯，巩固和发展陕甘革命根据地。对张、杨部队，要以拉为主，打他几下，是为了联合抗日救国。对胡宗南等顽固派，要找机会给以粉碎性打击。

六月十三日　阴

我团在七营川一线展开，与东北军成对峙局面，这有利于开展抗日救亡统战工作。部队拟在这里休整六天。党总支又重新学习党中央关于经过长征斗争的指战员应广泛地吸收入党，并一律免除候补期的决定。这个决定指出：因为他们经过了长期艰苦斗争的锻炼，表现了他们对党对人民的赤胆忠心，显示了他们政治上的异常坚定。

六月十八日　晴

军委电告：红二、六军团与红四方面军已在甘孜、甘海子一带会合。朱德、刘伯承、贺龙、任弼时、关向应、萧克、王震等领导同志是坚决拥护中央北上路线的，他们联合起来促四方面军北上，会师有希望。消息传到部队，大家都很高兴。只有三大红军主力会师，才能加速打开西北新局面，促进抗日高潮的到来。

六月二十一日　阴

晨六时，将我团防务交给二师五团接替，我们继续西征。

六月二十七日　晴

七营川西堡子敌人向固原县的彭堡、头营方向突围，我团转移到余家湾驻防，下午一时到达。下午五时，我和阮金庭团长、陈英参谋长带部分干部到东北军骑兵六师阵地前察看地形，把他们的行动看得清清楚楚。战士们都想打他们一下，但对东北军只能拉，没有上级命令不能打。

晚，我陪朱瑞主任、刘源部长来到东北军阵地前，向东北军士兵讲解我党统一战线政策和共同抗日的主张。朱主任说："东北军弟兄们，这里没有日本鬼子，要打回东北去，千万不要为蒋介石去卖命……"东北军士兵弟兄们都默默地听着，看来他们也有同感。我们又叫一连炊事员给他们送去一担好饭菜，他们抢着吃得精光，并纷纷议论说，还是红军好。这是我第一次到白军队伍里去做统战工作。

六月二十八日　晴

几天来，部队都在原地搞备战训练。朱主任令我为代表，到大湾店东北军骑兵六师见白福祥师长。当我通过他们阵地时，士兵们都围拢过来看我，热情天真地问我在红军中干什么。我回答说，是政治指导员。我给他们讲中国人不打中国人，枪口对外，一致抗日的道理。快到他们的师部时，一个卫士把我的眼睛蒙上了，似捉进屋里一般。半夜，见到白福祥师长，我传达了红军关于互不侵犯、抗日救国的意图，并向他们问好。白福祥听了很高兴。他说："我是东北人，不愿当亡国奴，更不愿打内战，但是，国民党特务监视我们很厉害。你们红军力量还小，还不能打败日本。"我不同意他后面的这种说法。我向他说明抗战必胜，内战必定亡国的道理。白最后答应支持我们的抗日爱国行动，并解释说："因为有特务监视，逼得我们不得不打几枪，不过打也是假的，我们不愿打中国人，愿东北军、西北军同红军联合一致，抗日救国。"白福祥拿酒饭招待我，但我没有喝酒，我想：到这地方可不能喝酒，要保持高度警惕，以便应付事态突然变化。

七月一日　阴

东北军骑六师十六团撤出了黑城镇，在彭家庄附近停下。我团奉师令，下午五时出发，进入黑城镇驻防。要随时提高警惕性，防止敌人捣乱。

七月五日　晴

敌骑兵团有退却模样，我团猛追，结果敌还是守着彭家庄顽抗，直到下午才撤走。军团令：不准向南打了，要停下来，晚回原地宿营。这种战斗像小孩打架一样，打打停停，俘虏还得放回去，缴获也得如数送还，损坏了还得赔偿，打得真不痛快。上级说，这是抗日救国的特殊战争，要争取东北军的官兵们共同抗日反蒋。

七月八日　晴

东北军骑兵六师态度有变化，今晨五时向我三营驻地发动进攻，我全力反击，消灭敌两个连，捉到不少俘虏，到下午又都放回去了，连他们丢失的五千发子弹、三个马鞍子都要找回送去，战士们气得够呛，说哪有这种战争！我忙给大家解释说，这是搞统一战线工作，是新形势的需要。为了民族，为了国家，要顾全大局，不要为一人一枪妨碍抗日民族统一战线的开展。东北军、西北军都是中国人，共同抗日救国才是唯一出路。这是党中央瓦窑堡会议精神。战士们听了才没有话说。

七月九日　阴

我师奉令退回黑城子。我团移七营川宿营，训练部队，扩大红军，待机战斗。

七月十六日　晴

下午全师开军政体育运动大会，我团有信心、有把握获得优胜，但要实事求是，不能搞形式主义。

七月十七日　晴

情况变化，东北军骑兵一师向我发动进攻。据军团电话通报，我红二、四师一个反击，将敌全部击溃。

听说本月初，红二、六军团及其总指挥部和第三十二军奉中央指示，在甘孜正式组成红二方面军，贺龙同志任总指挥，任弼时同志任政治委员。

七月二十三日　晴

上午，军团召开党员代表大会，有两百余人参加。聂荣臻政委谈了形势。他说，为迎接三大红军主力会师，实现西北大联合，要防止敌人捣乱。要加强党的领导，加强对党、团员的教育，扩大苏区，扩大红军，搞好后勤供应工作。左权军团长也讲了话。他说，两个多月来，形势大好，我们扩大了苏区，壮大了实力，狠狠打击了"三马"军阀，并寻找战机，准备给胡宗南以毁灭性的打击。同时，我们正在积极争取同东北军搞统战工作，以推动抗日民族统一战线的形成。

晚，返回团部。

七月二十四日　晴

因敌机和骑兵不断袭扰，军委电令我们军团转移地区，寻求有利时机消灭敌人。我团奉师令，凌晨三时出发，退出七营川，到李家嘴宿营。今天因部队背粮过重，掉队的不少，特别是二连，掉队的更多。

三连何连长一人背三条枪，帮着战士赶队，大家称赞他是战士贴心的好连长。

七月二十五日　晴

在李家嘴开团军政委员会议，布置工作，学习党的方针、政策，抓部队纪律整顿。现在进到了无粮区，这一带回民很多，没有土豪可打，经费极度困难，部队买油、盐、粮、菜都无钱。

师部转党中央命令：要求全党全军所有人员，把自己的伙食尾子、零用钱都拿出来。特别是干部，要带头做好样子。中央命令向干部们指出："你们是要钱还是要兵？"讲得多么深刻！我把自己的七块现洋和其他一些贵重物品无条件地拿了出来。我们要的是革命，是英雄红军的存在。坚决拥护中央的命令。经动员，全团凑集了九百块现洋，三斤金子，足够我团一个半月的生活费用。

七月二十六日　晴

今日师部召开党员代表大会，上午九时开始，十二时结束。这次会议，着重分析了西征的形势，总结了加强连队支部工作的经验。午后，我回到洪门沟团部驻地，碰到红十团王平政委，喜谈形势，特别谈了部队克服困难的动人情景。

八月一日　晴

我团在战地庆祝南昌起义九周年，我在会上讲了话：红军诞生有九年了，在毛主席、周副主席、朱总司令等领导培育下，经过多少艰苦、曲折，失败与成功的回合，终于取得北上的胜利，到达了陕北苏区。我们要执行党中央、毛主席的路线、政策，依靠军内军民的密切团结，打几个好仗，迎接二、四方面军胜利会师，促成西北大联合，建立巩固的革命大本营。我军现在经济非常困难，地方穷，要自己找粮食，但不得违反群众纪律。打土豪不能越出界限，土豪跑了，可割些他们的麦子充饥。实在迫不得已，才可向群众借，但一定要打借条，人不在，就把借条放在桌子上，以后按借条加倍归还。要做好连队支部工作，克服困难，加强团结，使我军更加布尔什维克化。要多打胜仗，争取张学良、杨虎城部队，联合抗日。

接师部通报，知红二、四方面军在松潘、包座一带消灭了胡宗南的第四十九师一万多人，击毙少将师长伍诚仁①。为兄弟部队的胜利而高兴，热烈祝捷！

八月五日　阴

师首长电令：为便利部队训练起见，师主力要撤回李家嘴一带。上午八时，我团赶到李家嘴继续休整。

今日已公开宣布，聂荣臻政委率领红一师为先遣师，与二、四方面军会合去，干部、战士听了都非常高兴。我们要一边行军，一边注意扩红，设法把四连——"回民连"建立起来，再找两个"阿訇"宰牛羊，满足回族战士的需要。

---

① 伍诚仁被俘后逃跑，于一九七〇年死于中国台湾，此处应为当时误传的消息。

八月十四日　晴

军委电告：二方面军与四方面军现已突出包围圈，正向甘南开来。这个局面是来之不易的，因为张国焘的野心很大，去年十月初，他公开分裂党，在卓木碉成立伪中央，自称主席，并狂妄地要中共中央改成北方局。二、四方面军会合后，他还想欺骗和强制二方面军跟他走。由于朱德、刘伯承、贺龙、任弼时等同志坚决维护中央的正确路线，再加上四方面军广大指战员也逐渐认识了张国焘的错误，纷纷要求北上抗日。在这种情况下，他才不得不取消伪中央，同意北上到甘南休整。

八月十五日　晴

晨，到李家嘴师部开会，看到军团聂政委陪同一位美国新闻记者到我们红一师来参观。据说这位美国新闻记者名叫史密斯。史密斯不辞艰苦，不怕危险来到苏区，真不简单。午餐，我们同桌吃饭，史密斯问我多大年纪，我说十九岁。又问我的经历，我说，一九二八年春，我十二岁的时候参加革命，担任过游击队长、少共中心县委书记、团政委等工作。他又问我是哪里人，家里是什么成分。我说，是江西省泰和县人，家赤贫，自幼学裁缝，是手工业者。他说："你真年轻。"我说："年轻走起路来劲头大，跟着共产党、毛主席、周副主席从南走到北，什么困难都不怕。"史密斯听后连连点头。最后我说："欢迎史密斯先生到我们这里来参观，感谢你不远万里来到陕北。"聂政委和史密斯讲英语，我们听了都哈哈大笑。

八月二十四日　阴

军委电告：二、四方面军已集中到川北和甘南哈达铺一带，目前会师不成问题，但张国焘居心不良，不愿北来，总是找机会拖延时间。

四连已搭起架子，连长何长清、政指罗永祥、连炊事员共四十五人，其中回民三十五人。天快冷了，冬衣还得靠自己想办法解决。

八月二十九日　晴

因敌情变化，需迅速出动。给部队进行了政治解释，并布置积极扩红，筹备粮食，备好物资，迎接二、四方面军北上。

蒋、阎主力已在黄河接头，沿途筑垒，想同江西一样再实行五次"围剿"。"三马"军阀龟缩银川、兰州、青海，广大人民群众都起来反饥饿，闹得国民党天翻地覆。

八月三十日　晴

军团令红一师去接二、四方面军。我团为前卫，晨四时出发，到双井休息。此次出动，任务是继续西进，会合二、四方面军，准备静（宁）、会（宁）战场，消灭西兰公路一带的敌人，以战斗的胜利狠狠打击胡宗南和"三马"军阀，大力争取东北军和西北军。

今日扩红三十名,其中有很多回族青年。

午后一时,继由双井出发,进入七营川。半夜,敌骑兵十六团突然向我发起攻击,并冲到我阵地前沿。不得已,我团全线展开反击,一面进行政治攻势,一面用力消灭其一部,余敌被迫后退。战斗结束,又将俘虏、枪炮如数送回。这种仗真难打,一时是敌人,一时又成了朋友,真是一种复杂的特殊战争。

九月一日 阴

在五营镇待机,准备继续同骑兵六师作战。昨晚,仗打得来劲,捉了不少俘虏,缴到不少枪、马。枪、马虽好,就是还得如数退回,俘虏也得送回去。

九月二日 晴

晨,敌骑兵六师又向七营川我军阵地发起进攻,我有着消灭这个骑兵师的可能,但上级命令不让大打,因为要尽量争取东北军到抗日统一战线中来。我军只稍做反击,就俘敌三百多,余敌经西铺逃回黑城镇。战后将俘虏和缴获的枪、马都送往军团部,看来还得如数还给骑兵六师。

上午,当黑城镇敌在飞机掩护下向西南撤退时,一架五个头的飞机在天空盘旋,散了有关抗日救国的传单,据说是张学良将军来视察前线。飞机飞得很低，把人吓了一跳。有的战士想用枪打，军团下令不许开火。飞机围着红军阵地转圈子，也不扫轰，不久就向南飞走了。

九月三日　晴

这几天，我团连续参战，相当疲劳。军团决定，四师接替我团任务。午后四时回到八营镇，准备整训部队，以便执行先遣队的任务。

九月五日　晴

方面军在吊嘴召开连以上党员干部代表会，政治部主任杨尚昆同志主持会议，彭德怀司令员做政治报告。会议分析了我军西征以来的形势，认为军阀间都有矛盾，有利于我各个击破。对蒋介石的嫡系军阀要狠狠地打击。要争取东北军和西北军进入抗日统一战线。对张、杨部队主要是拉，对"三马"要又打又拉。

张国焘南下碰壁，激起四方面军广大指战员的不满。经朱德、刘伯承、贺龙、任弼时、关向应、萧克、王震等同志多方工作，迫使张国焘不得不表示同意北上抗日。三大主力红军会师有希望，同东北军的统战工作更有希望了。

彭司令员要求全军指战员积极战斗，扩大陕甘革命根据地，努力扩大红军，加强连队支部建设。要很好地保存干部，以应付新形势。

九月七日　晴

敌人由黑城镇向马达窝我驻军发动进攻，我军展开阵势打了半天，敌又退回去了。我团捉住白军一百多人，并缴获许多马、枪。

日本侵略者在侵占东北后，加紧了对华北的争夺，到一九三六年时，中日之间的民族矛盾已经非常尖锐，"停止内战，一致抗日"成为社会各界的共同呼声。我党也放弃了"反蒋"口号，与驻扎在西北地区的张学良部和杨虎城部达成共识，实际停止了敌对行动，陕甘革命根据地正面的军事压力相对较小，但蒋介石仍然坚持"攘外必先安内"，着手成立晋陕绥宁四省边区"剿匪"总指挥部，以陈诚为总指挥，企图以武力消灭红军。

为保卫西北，巩固和扩大根据地，党中央组建由彭德怀任司令员兼政治委员的西方野战军，实施西征。经过两个多月的作战，西征胜利结束。红军对坚持反共的宁夏军阀马鸿逵、马鸿宾部队予以沉重打击，开辟了纵横二百余公里的陕甘宁三省边界地区新根据地，还新组建了两个骑兵团。

二十一、迎接二、四方面军会师

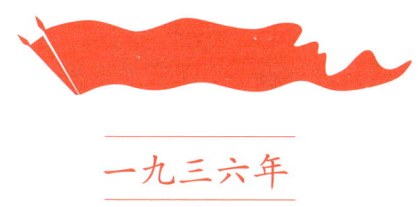

一九三六年

九月八日　晴

军委电令聂荣臻政委,率领我们红一师组成的特别支队,继续西进,迎接二、四方面军北上抗日。我团在七营川进行新任务的政治动员。

九月九日　晴

凌晨三时出发,到王家湾宿营,行程七十里。行军途中,大家对张国焘阻挠四方面军北上的问题议论纷纷。二连陈川胜连长说:"张国焘真可恶,拿中国革命闹着玩,这顶机会主义帽子给他戴定了。"大家认为,不管怎么说,只要他能北上就行,我们还是热烈欢迎。

九月十日　晴、阴

凌晨三时出发，到曹家渡以北宿营，行程九十余里。团部驻在一家土豪家里。

军委电告：二、四方面军已向陕北开来了，准备在会宁、静宁地区组织会师。要准备同敌人打几个恶仗，力争不打，或会师后再打，如遇上敌就只好打。当前，主要是力争迅速会师。

几点要求：

1. 宣传三大主力红军会师的伟大意义。

2. 要准备衣物支援二、四方面军，帮助解决困难。要特别注意全党、全军的团结，互相学习，取长补短，共同提高。见到四方面军，要同等相待，不能鄙视，不要看不起人家。做坏事的只是张国焘，他如能认错，也要欢迎。

3. 要做好工作，各级领导要做团结和遵守纪律的模范。

九月十一日　雨

因天下大雨，原地休息一天，抓政治思想教育。在驻地扩红十七名，这地方穷，工农都踊跃当红军，这是好事情。天下穷人是一家，回、汉族是亲兄弟，联合起来，建立苏维埃政府，打土豪分田地。

九月十二日　晴

凌晨四时由元井出发，到三点泉宿营，行程九十五里。一路翻三座大山，团部未带饭，饿得够呛，大家都感觉疲劳，仍坚持行军，互相鼓励。

我们是前卫团，不愁吃和穿。这里比七营川富多了。打了一家土豪，他大院内有一口深井，里边存放着很多物品。各连都分得不少肉，吃了一顿。

九月十三日　晴

凌晨三时半出发，经新营到下家寨宿营。此地回族同胞对我们非常好，都热烈欢迎红军。一路上，有二十个回族兄弟当红军。

四连现已有一百零五人，其中回族八十五人，今后就叫回民连。连里有长枪八十五支，手枪十二支，轻机枪六挺，机枪手都是回族。

九月十四日　晴

上午八时出发，到有河城宿营，午后四时又移到静宁县发生铺宿营，行程七十里。部队住下后，向西兰公路前山庄派出个前哨连。

部队休息后，我代表红军，带四个骑兵通讯员去找当地回族代表谈判。在一个靠山坡的地方，找到个大村，叫西塔村，村内有三百五十户人家，一千四百多人。村中的大寺院内，有回敬大殿高塔。敬主名叫马西塔，五十二岁，说话很精明。他听说我们是红军，表示热烈欢迎。我将毛主席和彭德怀司令员的信交给他，并说明了我的来意，他很高兴，表示非常感激共产党对少数民族的政策。在谈判中，我向他表示，红军不打回族土豪，不没收回族寺院及土地。要他告诉回族兄弟，支持红军行动，给红军让路，联合起来打国民党蒋介石。马西塔原来就怕红军没收他的土地和财产，现在放心了。他送我一匹马，我婉言谢绝后，我们连夜返回团部宿营。

九月十六日　阴

军团指示，要各连分片分地区分工负责，开始执行打土豪，扩大红军，组织地方乡村党支部，建立区、乡苏维埃新政权的任务。静宁县苏维埃政府今派人来联络，我们要积极支持地方工作。要把边区扩展到西兰公路两侧。红军所到之地，都迅速建党组政。这样一来，即使红军走后，地方上的抗日武装斗争也能够坚持下去。

九月十七日　晴

军委电告：红二、四师在七营川与白福祥的骑兵六师战斗，击溃其十六、十七两个团，活捉十六团团长，击毙十七团团长，俘敌千余人。战绩很大，听了高兴，但战后又要原封不动地将俘敌全部放回去。也只有红军才能捉多少放多少，红军说话是算数的。

九月十八日　晴

上午九时，朱瑞主任、刘源部长到三团，我详细汇报了部队同敌骑兵自黑城等地战斗后，主要兵力已进到固原东北彭家庄。朱主任告，加强薛家沟、磁北线警戒。然后，朱瑞、刘源和我到彭家庄第十八团阵地同骑兵六师代表汪镛、刘继尧等谈判，经过商谈后，签订了中国工农红军与东北骑兵六师的停战协定。

协定指出：

一、自"九一八"事变以来，由于日本人的侵略及国民党当局一贯的投降与不抵抗政策，亡国灭族的惨祸已迫在眉睫，为今之计，"停战抗日"为一切不愿当亡国奴的中国人的丝毫不可躲避与推迟的天职，尤其是东北军与红军的天职。因此，东北军局部，即骑兵第六师，其与红军不受过去及现在主张有何不同，不受过去及现在尚有何种隔阂，但为"抗日救国"计，均有绝对理由结成亲密的联合，并从今日起即一致确定这一联合。

二、抗日既为骑兵第六师与红军联合的基本条件与无上责任，则骑兵第六师与红军今后一切行动，一切措施，应绝对受此至高无上的光荣的抗日任务所约束，一切属于不抗日，违犯抗日，出卖国家民族利益的行为、措施与命令，彼此均应以国家民族为念，出以坚决的抗拒。特别是骑兵第六师，因某些原因至今还不得不暂存于一贯抱着对日投降出卖政策的国民党政府与军队旗帜之下，尤应顾全国家与民族大局，而尽一切力量，对任何违犯抗日利益的行为、措施与命令，予以坚决的大无畏的排斥，最低限度内应以不损害抗日的神圣职责为原则，出以最大限度的敷衍，具体内容是：

1. 不受命进攻红军，则不打枪。

2. 万一须敷衍命令的，不做杀伤的射击，不前进。

3. 事先向红军通报行动及骑兵六师位置，以免误会。

4. 在可能及需要时，经过互相商议，可做友谊的退让，但以不违犯抗日利益为准则。

三、建议互派代表、互相研究、互相通商及经常会商并解决一切可能发生的问题与纠纷。

四、务以最大努力切实进行地方群众之抗日的动员与组织，尤其切实注意自己部队的抗日教育。

以上各节经双方同意，.换文后即为有效，并永远力遵不逾。

在抗日行动未公开前，红军愿为贵师代守秘密。

九月二十日　晴

师令我团独立行动，在固静城一带控制阵地，保证主力来到。我团晚至兴隆镇驻防，并担负扩大苏区、扩大红军、筹集款子之任务。彭司令员还来电要我们准备棉衣、粮食给二、四方面军用。

政治处召开会议，决定派出若干工作组，以兴隆镇为中心，放手发动群众，创建新苏区，积极扩红。兴隆镇有东南西北四道城门。城内有居民约五百户，一千五百多人。有汉族土豪五户，富农八户，雇农二十五户，贫农、中农四百三十二户。有回民商店二十五户，小贩五十六户。

九月二十一日　晴

敌马鸿宾骑兵一个团向我进攻，我仅用一个连就将敌打退，打伤敌团长一名，俘七十六人，缴获战马多匹，枪八十多支。这一仗打得马匪东躲也不行，西走也不对，互相碰撞，乱成一锅粥。战斗胜利后，我二、四连都换成了捷克式步、机枪了，感谢马鸿宾这个"运输队长"。

九月二十二日　晴

野战军司令部要一师在九月底扩大红军三百名，筹款五万元。并筹集土洋布五百匹，利用这空隙解决今冬服装问题。我们唯一的办法是用迅速的手段，开展地方工作，抓紧时间扩红、筹款和做冬衣。

派便衣到通渭县附近同二方面军联系，告诉他们，我团在静宁县兴隆镇准备会师场地。

晚上各连汇报，仅二连一天就扩了十二名新兵。三连收了十六个穷苦人当红军，其中回族同胞八人，有两人是从马鸿宾部队跑回来的，他们愿意当红军，我们欢迎。看来，完成扩红任务没问题，筹款备衣也可行。

九月二十七日　晴

我带五名骑兵第二次到西塔村，向回族同胞宣传红军对兄弟民族的政策。敬主马西塔率领两百多人到村前欢迎。今天，我同他们谈了三次，反复说明我党我军的政策，回族同胞热烈拥护共产党的政策，感激毛主席对回族同胞的关怀。下午四时返回团部。

几天来，我团共扩红一百四十三人，其中回族同胞八十五人。西征以来，我团共扩红二百五十六人，还从俘虏兵中补入一百二十人。除战斗伤亡五十八人外，现在全团共有八百七十五人。

十月一日　晴

我团担负控制静宁到会宁间这段西兰公路线，坚决打击胡宗南和"三马"的捣乱，保证同红二、四方面军的胜利会师。

十几天来，我团在兴隆镇附近已建立了二十多个区、乡苏维埃政府，发展地方游击队二百多人，发展党员三十五人，团员十二人，成立了四个党支部。我团已正式成立回民连（即第四连），第五连也已有一百零五人，武器齐备。群众热爱红军，各方面工作成绩显著，单等二、四方面军到来。

十月十日　晴

接师首长电：四方面军在十月八日已与我一方面军先遣师一

团在会宁地区胜利会合，料二方面军不日也到兴隆镇。我们已准备了三百套军服、三千双鞋子、三万块现洋、两百只羊，准备送给二方面军使用。

我出席了静宁县各区、乡地方干部会议，据县委浦书记讲，现固源、静宁两县已实现赤化，胡宗南、"三马"军阀虽在边缘捣乱，但红军多次给以打击，在静宁西北打开了安全会师场面。在红军积极帮助下，一个多月来，这一带地方建立了县苏维埃政府两个，区苏维埃政府十个，乡苏维埃政府三十五个。发给他们步枪一百八十支，机枪四挺，扩大了区、乡地方武装，形成了包围城镇的大好局面，土豪恶霸闻风而逃。工农打土豪，分田地，不还债，不交租，不断打击敌交通线，扰乱敌后方。尤其是观音殿、将台堡、车李家、兴隆镇等地的群众发动起来了，工作搞得很不错。

十月十一日　晴

晨，二方面军部队朝兴隆方向开来了，我立即带领全团指战员及地方干部来到镇西北，站队夹道欢迎。红六军团彭绍辉参谋长、模范十八师刘转连师长等一千八百多名干部、战士来到后，我们立即同他们紧紧握手，亲切相见。我代表红一师三团全体指战员向二方面军的首长和战友们致以亲切的问候，并马上派管理人员将红十八师带到指定地点先休息。二方面军长征快一年，够辛苦了，干部、战士穿的是杂色衣服，人都很瘦，但精神十分饱满。他们说:"你们先到陕北,东征山西,震撼全国,每个胜利我们无不欢欣鼓舞。"我们说:"二方面军北上抗日,沿途粉碎国民党围堵,战果辉煌,我们也非常高兴。"

在兴隆镇会师,这是党中央和毛主席北上抗日方针的伟大胜利,但这一带不便久停,我们要诱敌深入,寻找战机,给胡宗南以毁灭性的打击。

晚,在团部招待红十八师营以上干部吃饭,大家吃了一顿红烧肉,庆祝胜利。

饭后开联欢晚会。晚会中间,我团接到师部紧急行动的命令,为保证二、四方面军安全通过西兰公路,我团要迅速北上,准备对付"三马"军阀。八时许,我团即向海原县打拉池地区进发。

十月十四日　刮大风

昨晚,部队由兴隆镇出发,今晨到马家堡宿营。

聂政委令我带一连将一百只羊、五十头猪、三百套棉衣、五百匹布、五万块现洋送到发台铺二方面军供给部。我们宁愿省吃俭用,也得把物品送给辛苦北上的二方面军吃用。在马家堡,见到了贺龙、任弼时、关向应、甘泗淇等首长。我先向贺龙同志敬了个礼,贺龙同志高兴地握住我的双手,连叫几声"好!好!好!"随后,我向首长汇报了我们专程送交物品的情况。贺龙同志高兴地说:"谢谢你们!多少年来盼望见到中央红军,今天终于实现了。"首长们问候毛主席、周副主席、彭德怀司令员、左权军团长、聂荣臻政委好，并对我说："你现在别走，吃完中饭一道北行。"接着，贺龙同志又问起了陈赓师长的情况，问到了我们红三团的情况。我都一一做了回答。

十月十五日　刮大西北风

凌晨五时出发，到元家河宿营，行程七十余里。"三马"军阀的骑兵配合胡宗南匪军，又向我军追来，妄想乘红军刚会师，还立脚未稳，没来得及很好休息之际，进行打击。

午后，团召开政工会议，总结了一个月来在兴隆镇一带的战斗生活以及执行西征任务的情况。阮金庭团长在会上讲了话。他说，一个多月来，我团在上级首长的正确指挥下，由于广大工农的积极支援，广大干部、战士的艰苦奋斗，我们在静宁、会宁地区狠狠打击了"三马"骑兵的进攻，有力地控制了西兰公路北侧阵地，为二、四方面军北上创造了有利条件。我们还在兴隆一带组织了四个区苏维埃政府，八个地方党支部，发展了一百二十五名共产党员（其中发展回民党员六十五名），扩红二百五十三名，筹集了一部分冬装和粮款，打了十二家土豪，取得了很大成绩。三团武器装备不差，关键是如何加强党的领导，提高战斗力。

十月十七日　晴

凌晨五时出发，到红羊坊宿营。

接师首长电令，我团向二方面军交接防务后，立即北行到海原归建。随后，我立即找静宁县委开会，交待我团的行动，请他们协同二方面军工作，把伤病、掉队人员收容好。

十月二十二日　晴

由新营到千城子宿营。

上午有敌机一架，不断在我们头上盘旋侦察，轰炸扫射，我二连伤亡四人。

会宁中国工农红军第一、二、四方面军会师纪念塔（田竞 供图）

十月二十六日　晴

午后二时出发，经径坟到曹家瓦宿营，行程百余里。刚躺下休息，敌机就来轰炸，炸弹扔在离团部驻地约三十米的地方。"三马"骑兵正在围追，得赶紧走，会合了师主力才放心。

十月二十九日　晴

午后二时出发，经元井到马营宿营。今天真危险，"三马"骑兵万余人紧追不放，我们幸绕道走小路，如通过大道，定遭大损失。

十月三十日 晴

经黑城镇向海原方向运动。敌继续向我穷追。我团配合红二师给敌一个狠狠回击，敌狼狈逃窜，我军追敌于十五里外。晚归师主力。

师告：红四方面军的九军、三十军、三十三军和一方面军的五军团，在甘肃的靖远附近渡黄河西去，日夜被数倍至数十倍于我的敌人包围和分割，有全军覆灭之可能。

十月三十一日 晴

我团奉军团首长命令，配合二方面军行动，准备在海原西部地区与胡宗南敌决战，歼灭他一两个师。上午十时，见到了贺龙、关向应等首长。首长指示，情况有变动，要我团在原地宿营，明天归还主力。我讲，如无特殊情况，我们连夜行动归建，首长同意了。我行礼告辞，下午五时出发东行，晚到吴家湾宿营，回归红一师，行程七十五里。

十一月三日 雪

接师令，我师主力与十五军团主力的一部在海原地区与敌战斗。凌晨四时，我军向东北军的骑四师及马匪的三十五师发起攻击，一阵猛杀，歼敌两个团，俘敌千余人，余敌狼狈逃回海原。这是我三军会合后的第一次大胜利，给敌以狠狠的打击，更提高了中央红军的威信。可是，因捉的是东北军，所俘获的人、枪、马、物需全部送回，战士们气得眼冒火。我向战士们再三解释：我们的大局是抗日反蒋，决不能为点小利而妨碍大局。

十一月四日　晴

我团决定转至双井待命，午后又转至八子坪宿营待命。天气很冷，什么样的衣服都穿上了。幸亏在兴隆做了不少冬装，能起一些防寒作用。

十一月六日　晴

上午八时，我团奉命移到尚如堡任警戒，午后一时到达。我们刚布置警戒完毕，敌人突然由马家川与特芦堡分两路向我进攻。我团坚决抗击。到五时，敌又增加一个师的兵力，我一直抵御到晚上，奉令退了下来，伤十余人。晚在徐家湾宿营，行程五十里。

要研究步兵打骑兵战术，是先打人，还是先打马？军团司令部参谋介绍，不论什么条件，人是主导因素，没有人，不管是什么机械、马匹、大车，都不管用。当发现骑兵后，要利用地形地物近迫作业，集中火力，不到近处不开火。打就要打在要害处。当敌向我冲来时，要瞄准敌人开火，只要把敌人打死或打伤，马就无用了，就成了一盘散沙。看到骑兵，要集中对敌，切不可乱跑，再跑也跑不过战马。

十一月十一日　阴

凌晨四时由驻地转到高响，待机作战。后又奉令到天堂圩固守，等到红二方面军安全通过后，我们才能走。

听师部接线员说，昨天半夜，贺总、任政委等二方面军首长冒着大雪，到我天堂圩一师驻地。陈赓师长找了些水酒给首长们暖和身体。他们在一起喜谈。贺总高兴地说："感谢党中央、毛主席到陕北来找了这么一个好地方，又派你们西征，迎接我们和四方面军。现在，我们力量更大更强了，当前，我们要打几个好仗！"

十一月十二日　晴

接师令：根据军委、毛主席指示，彭司令员决心继续东诱，我团向洪德城敌进攻，天堂圩阵地交十三团接替。

敌在双套子向我红一团进攻。下午二时，师令我团派出两个连兵力增援一团。双方激战数小时，因战地不利，师又决定撤退，晚到蔡家河宿营。

在增援一团与敌作战中，我一连一班与部队失去了联络，真着急！急忙叫便衣排派人联系。

五连边战斗边扩红，现已有一百三十五人，其中党员三十四人，装备齐全，情绪饱满。

十一月十三日　晴

凌晨五时，全团集中于蔡家河待命。因前敌多路纵队已完成向我迂回包围之计划，整个战局对我不利。野司决定继续向东北行动，以逐步转移，诱敌深入，然后选择有利地区和时机，集中优势兵力，给胡匪以歼灭性打击。

上午八时，师令我团迅速移至双和堡宿营，待机行动。集中优势兵力各个击破敌人，是红军制胜的老办法。敌人想学，就是学不到。

十一月十五日　阴

我团奉命为前卫团。参谋把行军路线调查错了，使部队走错了路。午后一时迅速折转，晚到黄家峪才找到师主力。陈师长骂了我们一顿，杨政委做了些工作，我们几个团领导都承担了责任。这事危险极了，该批评，今后一定要吸取教训，不能出乱子。参谋工作一定要过细，不过细就会出问题。

十一月十六日　阴

晨六时出发，经水嘴到老新庄宿营。走了七十里山路，大家都很疲劳。四连有两个回民新战士开小差，需加强新建连队的思想工作。

十一月十七日　晴

晨五时出发,经新科到西川宿营,行程六十里。连续行军,道路又坎坷不平,部队很疲劳。现在,吃粮遇到了困难,喝水更成了问题。一天走几十里,每人只能吃到几块山药蛋。到了驻地,炊事员得常常到五六里路之外的山沟里去挑水。再大的困难也得顶住,等瞅准个时机,把国民党胡宗南匪军狠狠揍一顿,他就老实点了,我们的好日子就会到来。

十一月十八日　晴

晨五时出发,到小南沟宿营,行程六十余里。今天过这个大山,又秃又荒。敌机又来捣乱,不好躲,只能疏开队形,边走边打。

★ 专家解读 ★

一九三五年十一月,贺龙、关向应等人率领的红二、六军团,因国民党军队的"围剿",从湖南桑植开始长征。次年七月二日,他们在甘孜与红四方面军胜利会师,改编为红二方面军。尽管张国焘仍然坚持西进方针,但在朱德、陈昌浩、贺龙等人的坚持下,会师后的红军拥护中央指示,决定北上。中央红军的西征,一部分也是为了配合两个方面军的北上。十月二十二日,随着红二方面军总指挥部到达将台堡,同红一军团领导会合,红军三大主力最终实现胜利会师。

二十二、决战山城堡,再上新征途

一九三六年

十一月二十日 阴、大风

在张家沟及曹家瓦一线待机打仗。胡宗南匪军尾追不放,真是送死来了。送来,就不客气,我们一一收下。

十一月二十一日 阴、雪

部队在熊家嘴集结待机,天空飞机不断,胡宗南七十八师先头进击的旅已钻进山城堡。这股敌人,从四川追到陕北,十分骄傲,以为红军是叫花子部队,不堪一击。他们妄图乘我立脚未稳之际,将我们撵出陕北,牛皮吹得不小。

正午十二时,红一军团按照毛主席、周副主席、朱总司令的战役部署,由东向北打。红四师在山城堡钳制敌人,红二师由北向东攻击,红一师一部堵尾,一部由北向山城堡攻击。到下午四时,红军已完成了对山城堡的包围。顿时,响起了激烈的枪炮声。下午五时，我团从山城堡北山协同红二师五团沿山夺敌碉堡，打下第三层碉堡时，五团政委陈雄同志英勇牺牲，我率一连沿陈政委未攻下的碉堡开展白刃格斗，将守敌一个连全歼。晚八时，敌二三六旅的大炮还未架好，我数万名英勇的红军指战员一齐冲向山城堡，打得他们蒙头转向，乱作一团。这一仗，共歼灭和俘虏敌人一万五千余名，缴获枪炮无数。

十一月二十二日　雪

凌晨三时，五连通讯员报告：三排陈元德同志带部队冲入敌六八四团指挥所，捣烂敌指挥系统，敌团长冀伍光左手被打断，被我军活捉。五连俘敌一百七十七人，一连俘敌二百五十八人。一排冲入敌二二七团重机连、水机连阵地，敌人都当了俘虏。二排冲入敌团指挥所，把敌指挥中心砸烂。三排冲到敌山炮营，敌炮兵炮还未架好就当了俘虏。二连曾海庭政指带二排冲进敌二三四团电台，报务员还在发报，一声吆喝，便举手投降。

晨七时半，我团在大雪中打扫战场，零星枪声不断。上午十时许，各师分别撤出山城堡。据统计，我团在这次战斗中共俘敌五百二十四人，缴获步枪四百五十四支，轻重机枪二十四挺，迫击炮五门，骡马七十八匹，山炮零件一大堆。我伤七十五人，亡二十五名。

十一月二十三日　雪

部队在熊花山进行战后解释,详细清理战果,总结山城堡决战经验教训,准备粮草。师政治部通知:午后二时,团以上军政干部赶到山城堡开会。会场设在一个破庙宇里。一走进破庙,就看到一条醒目的横标上写着:"庆祝山城堡决战伟大胜利!"会场上已放好木板、石头当座位。下午将近两点钟的时候,朱德总司令和彭德怀、刘伯承、聂荣臻、左权、贺龙、任弼时、关向应、萧克、王震、徐海东、程子华等三个方面军的首长进入会场,大家报以雷鸣般的掌声。会议由杨尚昆同志主持,朱总司令讲话。朱总司令指出:三大红军西北大会师,到山城堡战斗结束了长征,给追击红军的胡宗南部以决定性的打击。毛主席讲过,三大红军战略转移,是盘古开天地以来第一次。长征是宣言书,长征是宣传队,长征是播种机,长征以我军胜利敌人失败而告终。我们要在陕北苏区站稳脚跟,迎接全国抗日救亡运动的新高潮!

彭德怀司令员也在会上讲了话。他指出:发扬山城堡决战中猛打、猛冲、猛追的顽强战斗作风,争取再给胡宗南几个致命打击,猛烈发展和扩大陕甘宁地区的苏维埃运动。山城堡战斗后,全军要集中在三边进行整顿,加强组织纪律性,搞好军民团结,密切军队与地方的关系,团结在党中央、毛主席周围,坚决纠正机会主义路线。

接着,任弼时、贺龙、关向应、萧克、徐海东等首长也都先后讲了话。最后，左权军团长在概括山城堡决战的伟大意义时指出：

1. 在毛主席、周副主席、朱总司令的统一指挥下，在苏区人民的全力支援下，红军在山城堡英勇作战，粉碎了胡宗南两个先头师，歼灭一个师，俘虏敌人一万五千多，把其他围堵白军吓跑了。这是中国苏维埃运动史上带有决定性胜利的一仗。

2. 在长征途中，几次遇上胡宗南，本可早给予打击，但因战场条件不利，只好忍痛离开。胡匪以为红军怕他，就骄傲起来，不知自己吃几碗干饭。在西兰公路上，我们让了他，可是到达山城堡这个苏区边缘区，就不能再让了。按照毛主席、周副主席、朱总司令计划的拦头、堵尾、冲腰等方法，集中优势兵力，对胡匪先头师、旅实行四面八方分割包围，运用我军近战、夜战特长，把敌人打得落花流水。

3. 三大红军会师后，逐渐诱敌东犯，把战场选在苏区边缘。我利用冬寒敌无法做工事，乘敌立脚未稳之际，最大限度地发扬了红军英勇顽强的战斗作风，不怕疲劳，连续作战，英勇追击，取得了辉煌胜利。

会后照相留念，聚餐，吃红烧肉。然后我们赶回部队，准备迎接新的战斗，迎接抗日高潮的到来！

★ 专家解读 ★

在三大主力会师的时候，蒋介石罔顾全国人民高涨的抗日情绪，继续顽固坚持反共。他坐镇西安，调集国民党军五个军，分四路向红军进攻。党中央认为，这是三大主力红军会师后的第一仗，政治、军事意义极大，必须打好。敌人五个军中，两个东北军部队因我党的统战工作，进攻并不积极，红军得以集中兵力，在甘肃的山城堡一带对国民党军胡宗南的第一军予以歼灭性打击。山城堡战役是红军万里长征的最后一战，此战的胜利迫使国民党军停止了对陕甘苏区的进攻。此后不久，西安事变爆发，全国内战结束，中国革命进入抗日民族战争的新时期。

附录

萧锋同志简历

萧锋,原名萧忠渭,江西泰和县人,一九一六年二月七日出生,一九二七年九月参加赣南万安农民暴动,同年十二月参加中国共产主义青年团,一九三一年转入中国共产党,历任泰和紫瑶山游击队一小队队长,泰和独立团团长,红军总政组织干事,红一军团一师三团总支书记、政委。一九三四年参加了举世闻名的二万五千里长征。

抗日战争时期,曾任八路军一一五师骑兵团政委,晋察冀军区一分区三团政委,四分区五团政委、团长,军分区副参谋长,参加了著名的平型关大捷、陈庄歼灭战,指挥重机枪手将"牛刀子"专家水源旅团长击毙,还参加了磁武、涉林和百团大战等上百次战役、战斗。在日军残酷统治的华北抗日战场,他和张钦、曹振国等,指挥战士开展"麻雀战""地道战""地雷战",打得日伪军闻风丧胆。

解放战争时期,曾任渤海军区警六旅旅长兼二分区司令,山东军区七师副师长,华东野战军十一师师长,二十九师师长,第三野战军二十八军副军长、代军长等职,解放德州、三打邹平,之后在华东、中原战场上参加了莱芜、孟良崮、皖东、皖西、豫东、沙土集、济南、淮海等战役。

在战争实践中,萧锋研究发明的"猫耳洞"在阵地防御中发挥了重要作用,减少了不必要的伤亡。他组织赵明奎、刘天祥、曹振国等同志研究创造了"飞行炸药包",在二、三野的攻坚战和打坦克中发挥了重要作用。

新中国成立后,萧锋曾任华东军区装甲兵副司令,第一、三坦克学校校长,一九五七年调任北京军区装甲兵副司令、顾问,一九八一年离休。萧锋"魂系坦克三十载",为初创装甲兵的革命化和现代化建设倾注了全部心血。在国庆十周年天安门阅兵式上,他代表装甲兵,率领坦克方队,接受了党中央和毛泽东主席的检阅。

萧锋同志是开国少将,一生打过一千三百六十五次战役、战斗,六次负重伤,荣获二级八一勋章、二级独立勋章、一级解放勋章和一级红星功勋荣誉章。离休后,根据六十四年的日记整理了上千万字的回忆材料,整理并出版了《长征日记》《十年百战亲历记》《回顾金门登陆战》等书籍。一九九一年二月三日清晨病逝于北京。

后记

如铁纪实万千字　留与后人鉴丹心
——开国将军萧锋的日记情怀

中国革命历史博物馆（今中国国家博物馆）里，珍藏着我父亲萧锋的部分日记。这些日记记录了父亲参加或指挥过的成百上千次战役战斗，记录了党和人民军队前进的步伐，反映了革命将士不怕牺牲、无私无畏的精神。它早已超越了个人日记的范畴，成为中国革命史、军事史的组成部分，是党和人民的共同财富。

我的父亲作为一名信仰坚定的共产主义战士，是伟大的；作为一位为新中国浴血奋战的开国将军，是崇高的。然而，在我心中，父亲给予我的爱，他坚韧的性格和宽广的胸怀，以及他在枪林弹雨中为子孙后代留下的珍贵日记，才是他一生中最丰富、动人的篇章。因此，在《长征日记》再版之际，我想专门介绍下父亲坚守一生的日记情怀。

爱妻萧曼玉：亦师亦友的革命引路人

人们听到我父亲坚持记了六十四年日记，常常会认为他是受过正规教育甚至留过洋的知识分子，其实在参加革命以前，父亲只是江西省泰和县南溪村的一个放牛娃、泥腿子、小裁缝，没上过一天学。

教父亲识字的，是他的爱妻萧曼玉，也是他革命的引路人。

当时萧曼玉是吉安白鹭洲中学的一名中学生。白鹭洲中学是所有着近八百年历史的名校，那里二十世纪二十年代就有了共产党的组织。萧曼玉受到党的启蒙教育，不再是一个不闻窗外事的富家小姐。我父亲在裁缝铺学成出徒，成了一个一天可以做一身衣服的"自由"小裁缝。由于他聪明伶俐，能够写流水账，师傅便把他留在了裁缝铺。这个裁缝铺就开设在白鹭洲中学旁边。

一九二七年夏天，我父亲和萧曼玉在赣东向赣西的渡船上巧遇了，而后相识、相知，成为无话不谈的好朋友。九月份，他们一起参加了万安"五抗三杀"的农民暴动。一九二八年一月，他们动员四十二个萧氏弟兄参加了"泰和紫瑶山游击队"。我父亲是一小队队长，萧曼玉是游击队文书兼士兵委员会主任。他们仗打得很好，四打泰和、九打吉安，从二月到八月，四次挑粮上井冈山，为中国工农红军第四军贡献了十几万担稻谷，还配合粟裕的二十八团二营打了新老七溪岭战斗、新城战斗，活捉敌伪县长张开阳。这时，上级要父亲写战报，这可难坏了他。萧曼玉替他完成任务后，对他说："光会打仗冲锋不行，没有文化就不能更好地提高自己的作战水平，就做不好宣传工作。"

父亲非常爱学习，但是在紧张的战斗中，要如何学习？在这种情况下，萧曼玉对他说："别着急，我来当你的识字老师。"她建议我父亲用记日记的方法学习文化，提高思想理论水平。就这样，父亲开始用五颜六色的包装纸、缴获的钢笔或铅笔记日记。可以想象，他的第一篇日记肯定是"鬼画符"，可惜没有保存下来。

就这样，父亲在长期向上级报告战况、做群众宣传工作的过程中，逐渐认识到学习文化的重要性。经过萧曼玉的指导和帮助，父亲开始利用战斗间隙，以记日记的形式学习文化。自此以后，不管是在被敌人围追堵截的长征路上，还是在激烈的战斗中，或是在夜间行军的月光下，父亲始终牢记萧曼玉对自己的教导，坚持做到"小休记地名，大休写事件"。日记就这样伴随着父亲，成了他形影不离的战友。

父亲与萧曼玉也在战火的洗礼中渐渐萌生了爱情，并最终结为革命伴侣。不幸的是，一九三四年八月，时任公略县少共书记的萧曼玉，连同怀里吃奶的孩子，在一次国民党飞机的狂轰滥炸中，牺牲在县委机关转移的路上。

从此，日记在记载战事的同时，又成为父亲思念、缅怀萧曼玉这位刻骨铭心的爱人的一种情感寄托。萧曼玉是父亲革命路上的引路人，是帮助父亲学习文化、让父亲写日记的好老师，是并肩浴血奋战的战友和爱人,是我们一家人永远感念的亲人。

周副主席亲自授予"三等红星奖章"

在残酷的战争年代,要做到天天记日记,不是一件容易的事。

一九三四年三月,父亲随中国工农红军总政治部检查组到闽西武平县检查三分区筑堡工作。检查组刚到没两天,组长就被反动地主武装杀害了。父亲代理检查组组长,继续在那里调查了十五天,鉴于情况复杂,他们写了调查报告。三分区的刘司令、吴政委备了米酒欢送我父亲一行第二天返回瑞金。但第二天早上四五点钟,检查组和三分区机关、干部就被国民党军队钟少奎的一个旅近千人包围在帽村。

惨烈的战斗进行了整整一天,面对强大的敌人,我父亲已经做好了牺牲的准备,但为了让中央军委能够了解检查组检查工作的结果和这次战斗的情况,他利用两次战斗的间隙,借着碉堡射击孔透进来的光,趴在战友的尸体旁,写下了四百字的阵中日记,并嘱咐身边的同志,只要有一个人活着出去,就要把这本日记交给时任中央军委副主席的周恩来。经过激烈的战斗,三百人的部队,最后仅有包括父亲在内的七个人冲了出去。

当父亲见到周恩来副主席,将记载这次战斗的日记交到周副主席手中的时候,看着九死一生带领战友们突围出来的萧锋,周副主席紧紧握着他的双手,眼睛湿润了。为表彰父亲在这次战斗中的英勇表现，周副主席亲自颁发给他一枚"三等红星奖章"。

长征日记——记录红军不朽的丰碑

父亲在长征中的日记，成了红军二万五千里征程真实的写照。日记中记载了父亲在湘江战役中九死一生的战斗经历。

帽子岭上，七八个敌人围住了父亲，父亲左刺右挡，有个敌人趁他不备，朝他头上猛刺，他灵活地一躲，帽子被戳了个洞。而后他左挡一个前突刺，送敌人见了阎王。父亲脱下帽子对战友说："帽子破了不要紧，红星还在，红星下面还有一个钢铁的脑袋，只要不倒，就向西杀出去！"

白沙河一线，激烈战斗了一整天的红军战士们滴水未进，极度疲劳。在毛家村外的高地上，五六个白狗子又将我父亲围住了，父亲借助一棵大树与敌人搏杀。一个白狗子乘父亲不备，绕到他的右方，向他右下方一通猛刺，幸亏父亲右边挎着那个装有日记和作战地图的牛皮包，替他挡了致命的一击！随着父亲一个左挑一个右突刺，这几个敌人就见了阎王。

在团长黄永胜、政委林龙发和父亲的带领下，红三团终于冲出国民党军六七个团的十二道重围，刺死一千多个白狗子，杀出了一条血路，护送中央机关总部和中央纵队安全地过了湘江，胜利地完成了阻击任务。下午四点钟左右，与龙振文团长、邓华政委率领的红二团在毛家村外北山坡上胜利会合。

会师后的红一师参谋长聂鹤庭、师长李聚奎见到黄永胜、林龙发和我父亲时,激动地说:"三团不愧是秋收起义后三湾改编留下的一支拖不垮、打不烂的红军队伍!"

夜深人静,部队休息的时候,父亲抚摸着为自己挡住敌人刺刀的牛皮包,拿出里面的日记本,含泪写下了突围日记:

晚上一查点,全团折损一半,不少同志都痛哭流涕。炊事员挑着饭担子,看着香喷喷的米饭没有人吃,边走边哭。我也蒙着头哭到半夜。……从中央苏区出征时,我团是两千七百多人,现在仅剩下八九百人。不过,总算突破了蒋介石精心布置的第四道封锁线。

父亲还曾多次回忆道:"记得过草地时,侦察连的崔明义班长是江西老表,行军中他一会帮这人拿行李,一会帮那人背枪,自己带的青稞炒面,他也会毫不犹豫地拿出来和战友们分享,那可是过草地的命根子啊。有一天,由于天黑看不见,他滑进了泥沼,我们收容队的十几个人赶忙趴下把枪递过去救他,崔班长用尽最后的力气大呼:'傻瓜!别过来,一个还不够吗?还要再搭上一个!'我们就眼看着他被泥沼吞噬……多好的战士啊!"

过草地时,我父亲总共收容了二百四十多人,其中有一多半永远倒在了草地上。

我的父亲和他们那一代开国老红军,像是用特殊材料制成的"钢铁人",但其实他们内心也有柔软的一面。除了纪念爱妻萧曼玉,我想还有另一个动力支持着父亲坚持一生记日记:他身边曾有许多优秀的战友，上一秒还有说有笑，下一秒就牺牲了。父亲笔耕不辍，就是想把他们的名字和事迹都记录下来。

日记比自己的生命还重要

在腥风血雨的战争年代，坚持写日记不容易，保存日记更不容易。几十年的南征北战，父亲丢掉了身边的很多东西，唯有这些日记被完整地保存了下来。每次战前，父亲都会指着装有日记的蓝布油包对战友说："如果我有什么意外，一定要把这个油包交给组织。"

一九四四年八月，父亲带着八百五十名补充给延安教二旅保卫陕甘宁边区安全的新兵，以及怀着孕的妻子贡喜瑞，出发去延安。

经过三千多里的艰苦行军，巧妙通过了一百六十里的日军北同浦路封锁线，终于来到陕北。在经过干涸的乌龙河时，母亲身背装有日记的布包袱，骑着骡子走在队伍的最前面。

突然，一阵狂风暴雨袭来，原本干涸的河床顿时被上游冲下来的山洪蓄满，将母亲裹胁在水里。母亲全然不顾自己和携带物品会被洪水冲走，拼命地将装有日记的油包递给前来救自己的父亲和警卫员。

在延安窑洞里，刚生下我的母亲坐在土炕上，将那些被洪水打湿、字迹模糊的日记一字一句地誊抄清楚。父亲又借着这三个月的休养时间，对日记中记载的战役、事件一一进行补充和整理。

那些经过誊抄后的原始日记被藏在墙缝里，直到全国解放，父亲才从西柏坡老战友家的墙缝里将其取出，于一九八四年二月一日捐献给了中国革命历史博物馆。

如铁纪实千万字　留与后人鉴丹心

从二十世纪七十年代末起，父亲在朋友的帮助下撰写出版了《长征日记》《十年百战亲历记》《回顾金门登陆战》等著作，受到群众欢迎和广泛好评。这本记录父亲征战历程、描写战友情怀的《长征日记》，在一九七九年出版时发行了十五万册，后来又多次再版，感动了众多读者。一九八〇年，《长征日记》被共青团中央评为"向全国青少年推荐的十部思想品德教育优秀图书"之一。

一九八一年十月，父亲从装甲兵的领导岗位上卸任后，多次对我说："日记不仅仅是我个人的历史，它是我们这一代人在党的领导下创造的历史的一个侧面，我不能带着它去见马克思，一定要把它整理出来，留给后人。什么都是一缕青烟，只有文字能流传下去。"他那拿过步枪、甩过手榴弹、发射过"飞行炸药包"、开过坦克的手，又拿起了笔杆子，开始整理日记，撰写回忆材料。为此，父亲先后四次南下北上，到江西、福建等十几个省市重走长征路，重回浴血战场，重访各个历史时期的革命根据地，收集核实了大量革命史料和英雄事迹。

他到烈士陵园凭吊烈士，将自己日记中记载的烈士名字与当地的记载进行核对,查清是否已将英烈的遗骸安放于烈士陵园,是否把先烈的英名载入史册。父亲说,不解决好这些问题,他死不瞑目!父亲当年的战友——英雄团长陈祖林,就是父亲用六年时间,为其恢复名誉、立碑纪念的。

我的父母亲就这样数十年如一日地整理这些材料,前后买了四台铅字打字机,将三百多万字的日记打印成册,并在此基础上打印出十五部半成品回忆材料和专题人物书稿等,计一千一百余万字。

一九八八年,父亲大概是觉得自己时日不多,晚上经常加班,每天工作十五六个小时。夏天蚊子很多,我就给他买了一个大白尼龙蚊帐,让他把小桌子搬到蚊帐里写。当时,我对他整天忙于整理回忆材料感到不理解。

有个星期天,我一觉醒来,已经是深夜一两点钟了,发现楼下还亮着灯,我便下楼,想劝老爷子早点休息。看到父亲时,他似乎已经哭了很久了,两腮全是泪痕。我吓了一跳,忙问他出了什么事,哪里不舒服。他含着泪对我说:"孩子啊!我成千上万的好战友、好兄弟的事迹,好像就发生在昨天,我越想越多。他们有的比我能打仗,有的比我有文化,有的比我有能力,但他们都走了……我是从死人堆里爬出来的幸存者,我只要还有一口气,就一定要把他们的英雄事迹写下来,你一定要记住,要把他们的光辉事迹整理出版,传下去啊!"

望着父亲满面的泪痕,彼时彼刻,我真正读懂了父母。父亲在军级位置上一干就是三四十年，为装甲兵的革命化、现代化做出了重要的贡献，但他却从不在意个人名利，他最大的心愿就是把烈士的崇高革命精神传给后人！

我父亲从一个放牛娃，经过几十年血与火的锤炼，成长为一名开国少将，他没有上过一天学堂，却在社会的大课堂里，靠坚韧不拔的毅力写日记，先后出版了《长征日记》《十年百战亲历记》《回顾金门登陆战》，成为自学成才的军旅作家。

本书再版时，我的朋友——著名长征史研究专家陈宇老师、国防大学政治学院韩洪泉老师特为本书撰写了新版序，为方便读者理解，潘前芝老师还为每个章节做了"专家解读"；我的老乡邱锋帮助我对此书进行了认真的修改、校正；我的先生曹明亮也在本书的校对过程中做了细致的工作；瑞金中央革命根据地纪念馆、解放军出版社、长征史研究学者田竞为本书提供了图片支持；还有华景时代、北京联合出版公司的各位领导与编辑老师，也为本书的出版花费了很多心血，在此一并表示衷心的感谢。

萧南溪

二〇二三年六月七日

小 启

为提升阅读效果,书中使用了若干张图片,部分图片已获版权方授权,但仍有部分图片由于版权所有者联系方式不详等原因,未能取得授权。本书出版后,敬请相关版权所有者与我们联系,联系电话:010-83626929,以便奉寄稿酬和样书。